100 LECCIONES de NEURO CIENCIAS

DR. EDUARDO CALIXTO

100
LECCIONES
de
NEURO
CIENCIAS

UNA GUÍA PARA DESCUBRIR LOS SECRETOS
DE TUS EMOCIONES Y DE TU COMPORTAMIENTO

AGUILAR

100 lecciones de neurociencias
*Una guía para descubrir los secretos
de tus emociones y de tu comportamiento*

Primera edición: julio, 2024

D. R. © 2024, Eduardo Calixto

D. R. © 2024, derechos de edición mundiales en lengua castellana:
Penguin Random House Grupo Editorial, S. A. de C. V.
Blvd. Miguel de Cervantes Saavedra núm. 301, 1er piso,
colonia Granada, alcaldía Miguel Hidalgo, C. P. 11520,
Ciudad de México

penguinlibros.com

ISBN: 978-607-384-643-1

Impreso en México – *Printed in Mexico*

Para Carmen, mi madre...
Mi reflexión constante, mi asertividad.

Índice

PRÓLOGO

¿Por qué 100 Lecciones de Neurociencias? El número 100 está relacionado con conocer, con lo positivo, asociado a catalogar con fuerza, el 100 también se relaciona con eventos de cambios inesperados. Es un número conexo a la polémica y a conceptos medibles y sensación de avance o plenitud. El 100 puede estar conectado con adelantos cuantitativos para evaluar o considerarlo meta o punto y aparte. Es el 100, un número alcanzable y sencillo de manejar por sus múltiplos.

100 Lecciones de Neurociencias es un libro que puede ser una sesión de clases sin otro objetivo que el de aprender de manera divertida nuevos conceptos en el campo de las Neurociencias. Es un texto que resume hallazgos recientes de la plasticidad neuronal y su relación con conductas, algunos trastornos o explicaciones de eventos cotidianos.

100 lecciones de Neurociencias pueden ser temas de estudio, de análisis de información o el inicio de polémicas. Cada una de estas lecciones se puede discutir con expertos, colegas, pares o con uno mismo. Cada una de ellas relacionan aprendizaje, análisis y reflexión, pero, sobre todo, la construcción de un argumento para contestar con bases cognitivas, científicas, a algunos elementos habituales a veces lejanos o áridos.

Sea este libro de divulgación de la Ciencia una invitación a seguir aprendiendo de cada tema, a continuar una búsqueda en otras fuentes para saber más y, sobre todo, 100 lecciones de Neurociencias sirva como una lectura accesible o el punto de inicio de un debate académico, un libro que puede apoyar con conceptos para saber del funcionamiento de nuestra memoria, favorecer el aprendizaje de temas actuales hasta el razonamiento de múltiples conocimientos.

LECCIÓN 1

Agotamiento mental por video, las videoconferencias cansan

La comunicación por video a través de una clase por zoom, una conferencia, sesión a distancia o por línea atenúa la sincronía entre cerebros, esta es la principal razón por la cual una comunicación por medio de la pantalla de un monitor o tableta agota más que una charla cara a cara.

El cerebro integra la información externa de acuerdo con la emoción que tiene, 75% de la atención con la que atendemos nuestra realidad se debe al nivel de emotividad que en este momento tenemos. Las emociones pueden ser moldeadas por la cultura y el aprendizaje. Todos los humanos poseen la capacidad de experimentar y percibir el mismo conjunto básico de las 36 categorías de emociones, las cuales son más fáciles de compartir cuando estamos presentes.

El desarrollo de las emociones implica una interacción sutil entre genes, neuronas, neuroquímica y retroalimentación de nuestro entorno. Las micro expresiones en nuestro rostro deben ser detectadas en persona y ante una cámara se ocultan los mensajes sutiles que, al no ser percibidos, hacen que nuestras neuronas se distraigan o dejen pasar información importante. Ver en persona el rostro de quien nos habla, ser testigo de su lenguaje corporal, induce una emoción que fortalece el mensaje, con lo cual podemos pasar más de una hora sin sentir cansancio. Para el cerebro es necesario ver, interpretar y analizar expresión de la cara de su interlocutor, el movimiento de los ojos, las inflexiones de las palabras, la boca, hasta las características de las narinas al respirar; el rostro con que nos estamos comunicando nos tranquiliza, nos emociona, nos hace reír, reflexionar o emocionarnos al llanto y toda esta mezcla genera cambios en la neuroquímica cerebral de quien emite y quien recibe el mensaje. Vernos a la cara mientras hablamos nos ayuda a descifrar complejas emociones y mensajes ocultos. Las cascadas de acontecimientos emotivos internos no son complicadas si la interacción es personal o hay contacto físico y visual. Hablarnos en persona se acompaña de la activación de una red neuronal que evita aburrirnos, a diferencia de hacerlo a través de una cámara, donde el cerebro se distrae con más facilidad.

La reciente pandemia de la que fuimos testigos generó un cambio en la comunicación; se suscitó un incremento en la manera de comunicarnos a través de computadoras, pantallas y celulares. Muchos de nosotros nos iniciamos en una nueva forma de comunicación, en plataformas de acceso en paralelo con personas a las cuales podemos ver por la pantalla de su dispositivo y escucharlos sin encender el micrófono. Esto permitió otro tipo de comunicación, a distancia.

En el año 2021 aparecieron los primeros estudios científicos que mostraron que, paradójicamente, la comunicación que teníamos por los dispositivos móviles, generó mayor distracción, sensación de soledad y un mayor cansancio por la tarde, después de haber asistido a clases o juntas de trabajo; se identificó que el cerebro necesita de la interacción dinámica y personal de otros humanos para garantizar su plasticidad neuronal: necesitamos hablar, tocar, reír, emocionarnos e interpretarnos ¡pero en persona! hacerlo por dispositivos tiene un límite, nos puede hacer sentirnos solos, cansados, aburridos y sin realmente un aprendizaje. Además, se conoce que una conversación interpersonal puede ser placentera en la medida que se conozca a la persona, se disfrute de la presencia y se interprete la emoción a través del intercambio de las miradas; este efecto tranquiliza al cerebro, al disminuir el cortisol. Se identificó que, en la búsqueda de comunicación sin interacción, sin intercambio de contactos, la sensación de pertenencia disminuye, una persona se enfada con mayor facilidad y llega al hartazgo a latencias cortas, incrementa el estrés y genera problemas de conciliación. La comunicación en línea favorece conflictos con relación a la conclusión del tiempo, es generador de tensión cognitiva. Es muy común en las sesiones por computadora, que cuando una cámara se apaga, se dificulta poner un punto final, cuesta más llegar a acuerdos y se imponen ideas. Persiste un ambiente de egoísmo.

Desafortunadamente, cuando se comunica a través de un teléfono celular en el cual no se observa la cara del interlocutor, en una comunicación por línea en donde no se enciende la cámara, o no se voltea a focalizar adecuadamente la atención de quien nos habla, sin compartir miradas o sin reconocimiento de la prosodia, el cerebro no genera sincronización en el ritmo beta de la atención de la corteza cerebral.

Una persona que comúnmente nos cae bien y que disfrutamos de su compañía tiene en común generar una actividad electroencefalografista semejante a la nuestra. Nuestros amigos, los que mejor nos comunican, comparten emociones y nos sentimos acompañados; en ambos cerebros se comienzan a trabajar frecuencias de activación semejantes, desde escuchar una canción juntos, cantarla; hablarnos o entendernos de manera directa y personal, hacen que el cerebro genere ritmos de frecuencia para garantizar armonía y una mejor sensación en la comunicación. Lo anterior genera un procedimiento de empatía. Resulta importante entender que la voz humana conecta más neuronas al estar acompañada del lenguaje corporal y en la manera como coordinamos nuestros movimientos; si esto no se logra, el cerebro gradualmente pierde atención, se aburre y se cansa más. Atender una clase a distancia, una reunión de trabajo o una comunicación por video debe tener por objetivo: ser clara, incorporar retroalimentación, encender la cámara y por supuesto generar emociones para compartir. La comunicación virtual inhibe la creatividad, ya que al reducir el campo visual de comunicación disminuye las posibilidades de pensar de manera creativa.

LECCIÓN 2

Leer rápido a veces no es tan bueno

La rapidez de la vida exige leer libros de manera rápida, contestar correos electrónicos, solucionar con respuestas rápidas documentos de trabajo o a veces otorgarle apenas dos reglones a un mensaje en las redes sociales para pretender atender la carga de lo inmediato: esto hace necesario leer a gran velocidad. La ligereza de respuesta es bien vista, ser eficiente a costa del entendimiento se está haciendo común. Leer rápido no significa que se comprende todo.

¿Son importantes los detalles de una lectura? en 90% de los casos: sí.

Leer con premura repercute sobre la comprensión del texto, el cerebro al leer rápido no se queda con la mayoría de los detalles del mensaje. En condiciones promedio, un cerebro llega a captar entre 200 y 400 palabras por minuto. Cuando la prontitud toma a las neuronas para tratar de comprender a latencias cortas, fracasa el entendimiento y la comprensión; cuando a través de técnicas especializadas se logra que la velocidad de lectura sea el doble o triplique el número de palabras, ese rendimiento-velocidad disminuye la eficiencia; en esas condiciones se comprenderá en promedio solo 30% del contenido, si se trata de un lector con experiencia esto puede llegar a la mitad del contenido.

Las técnicas de lectura rápida son adecuadas cuando los cerebros se han entrenado en ellas, la rapidez de movimientos de ojos en la lectura es posible cuando los ojos tienen una adecuada óptica (la miopía y el astigmatismo reducen la captura de detalles); entender mensajes a través de la lectura depende de la mielinización de los nervios ópticos y la adecuada función de la vía visual: por lo que en niños no es recomendable llevar estas técnicas de lectura rápida en el proceso educativo. En el caso de los ancianos, el ojo ha perdido la acomodación del cristalino, lo cual le hace perder detalles y le cansa la vista.

La lectura rápida hace que las neuronas pierdan la oportunidad de releer frases que no entiende o no han comprendido. La lectura es exitosa cuando se utiliza la fonología de la palabra, su reconocimiento y el entendimiento de las oraciones; de esta manera, resulta más importantes para la comprensión lectora que la palabra se hable, se realice la lectura con frecuencia y se hagan pausas para reflexionar; si los contenidos se diversifican se garantiza mayor actividad del hipocampo, eso favorece una mejor manera de aprendizaje; cuando la lectura se genera en un cerebro que ha dormido bien y se ha comido adecuadamente, favorece la comprensión y la adquisición del conocimiento.

La rapidez de lectura no garantiza el conocimiento, tal vez aminore la angustia de la necesidad de avanzar, pero no es contundente para estudiar y mucho menos es un proceso que deba tener un cerebro infantil como método habitual para adquirir conocimiento.

LECCIÓN 3

Distraernos sí nos hace inteligentes

El cerebro no tiene capacidad para mantenerse siempre alerta a una clase, es una falacia que mantengamos atención por horas, incluso nuestros procesos cognitivos promedio son de 18 a 21 minutos, después de este periodo, iniciamos a distraernos, para eventualmente regresar nuestra atención a la fuente que nos pide seguir atendiendo. El proceso de enseñanza aprendizaje debe plantear que, para una hora de atención de una clase, es necesario que cada 20 minutos, el profesor genere los distractores, cambie los mensajes, realice inflexiones en su voz, ponga ejemplos aterrizados a la actualidad, haga una broma o señale una anécdota y después de 1 a 2 minutos regrese a la clase; de no ser así, sus alumnos evadirán transitoriamente la sesión, viajarán en su distracción y regresarán por momentos para volverse a ir. Esta es la explicación de por qué en sesiones largas, monótonas, la clase se recuerda mejor al inicio y un poco del final. Algunos profesores jóvenes suelen quejarse de la poca atención de sus alumnos y los alumnos de que algunos profesores adolecen de impulsar su atención y los acusan de ser aburridos.

Las neuronas necesitan "desconectarse" durante algunos momentos (segundos a minutos es normal), pues esto genera que redes neuronales se dispongan a generar frecuencias de activación que ayuden a cambiar la atención y jerarquización de la información que se está adquiriendo. El cerebro humano tiene una red neuronal, denominada red neuronal por defecto; estas neuronas activan la porción frontal del cerebro por la línea media, hacia atrás, activando módulos neuronales de interpretación, dolor, repetición y elaboración de tareas rápidas. La red neuronal por defecto, cuando se activa, nos permite emocionarnos con una canción, apreciar la belleza del arte, emocionarnos en un amanecer viendo el mar y por otro lado hacernos creativos. Esta red neuronal nos distrae para pensar en otras posibles alternativas ante un dilema o un problema; para cambiar lo que por momentos no entendemos y nos genera tensión para disminuir la precepción de dolor moral o estímulo aversivo. Por lo que al promover la distracción gradualmente se predispone a una mejor ejecución de la red que pone atención. De esta manera distraernos es una tarea neuronal para poner atención y agilizar los procesos memorísticos. Saber esto, ayuda a entender que, si no se cambia la secuencia de estimulación en un salón de clases o una reunión de trabajo larga, el aprendizaje disminuye.

La distracción es sana, está a favor de una adecuada salud mental cuando previamente se ha puesto atención; se relaciona con cambios neuroquímicos que predisponen a un mejor análisis de información, ayuda a dar jerarquía a detalles que mejoren el proceso de memoria aprendizaje, lo que a largo plazo mantiene una adecuada salud mental y otorga mejores elementos neurológicos para ser inteligentes.

Tratar de mantener alerta continua, estudiar sin reposo, exigir atención por largos periodos, no es adecuado para el cerebro; esto es reclamar de más a los procesos funcionales del cerebro pues se genera incapacidad de capturar un adecuado contenido de información, hacerlo de esta manera, hace que perdamos la capacidad de diferenciar señales importantes. En estas condiciones, la noradrenalina (respuesta inmediata) y el cortisol (respuesta a largo plazo) cambian la manera de evaluar los detalles cognitivos. Esta es la razón de la necesidad de inducir la distracción cognitiva.

Mirar el capítulo de una serie, una película, incluso videos en redes sociales, nos indican que el tiempo de atención debe ser corto; para lograr el efecto de atrapar nuestra atención, cada 20 minutos en promedio se debe cambiar la secuencia de hechos, el argumento debe dar un giro o bien suceder en escenas algo diferente, de otra manera la película se cae de nuestra curiosidad y en contraste se nos hace lenta o aburrida.

Por lo tanto, nos conviene distraernos, pues a una persona que manifiesta estar aburrida le toma más tiempo responder a riesgos inesperados. El aburrimiento es un factor importante que está detrás de adicciones como fumar, beber y consumir drogas ilegales. El aburrimiento, la depresión y la ansiedad son los desencadenantes más frecuentes de los atracones de comida.

LECCIÓN 4

Los flavonoides: el té y el chocolate en las neurociencias

En el año 2008 se identificó por completo el contenido de sustancias, elementos y moléculas del cacao, el cual es rico en vitaminas A, B, C, ácido pantoténico, riboflavina, cafeína, teobromina, además de calcio, potasio, hierro, magnesio, fósforo, zinc, cobre y manganeso, pero, en especial, el descubrimiento más grande que se hizo sobre el cacao y el chocolate, fue su alto contenido en flavonoides, una familia de moléculas con un alto impacto benéfico sobre la conectividad neuronal.

Los flavonoides tienen un efecto farmacológico y fisiológico directo en la cognición, atención y recuperación funcional. Nuestro grupo de trabajo en el año 2013 identificó que un flavonoide, llamado 7 glucosil acacetina (7-O-Acag), es capaz de incrementar la actividad del receptor $GABA_A$, este flavonoide es capaz de capturar e inhibir a los radicales libres dependientes de oxígeno e incrementa la recuperación funcional motora ante un daño neuronal, es decir contribuye a conectar neuronas.

Varios estudios han mostrado que los flavonoides están relacionados con la recuperación funcional cognitiva a través de un aumento en la fluidez verbal, memoria y atención selectiva. Los flavonoides no solamente se encuentran en el chocolate, están distribuidos, prácticamente en todas las plantas de las que pueden realizarse infusiones, en las uvas y en las manzanas. Varios estudios han demostrado que los flavonoides incrementan el aumento de flujo de sangre hacia el cerebro, y la organización y formación de nuevos vasos sanguíneos, esto permite un incremento de llegada de glucosa y oxígeno a las neuronas.

Aún no se tiene completamente identificado cuanto chocolate, uvas o manzanas deberíamos comer para alcanzar una dosis tóxica de flavonoides, pero sería consumir mucho más de lo que un estomago promedio comería al día y llegar a la intoxicación. Esto implica que lo importante no es comerlo un día, sino hacerlo por meses, de manera sostenida, presentes en nuestra dieta las uvas, los tés, en especial de Toronjil, las manzanas y el chocolate, todos ellos otorgan antioxidantes y garantizan una mejor circulación sanguínea cerebral.

Los flavonoides están relacionados directamente con una disminución del riesgo de cáncer, disminuyen la presión arterial que favorece el manejo de la hipertensión arterial, agregan cambios en la actividad cardiaca —reducen abiertamente la fuerza de contracción, protegiendo al corazón—, también inducen el incremento en la calcificación del hueso, en lo general, funcionan como antiinflamatorios. Los flavonoides son excelentes compuestos que pueden estar relacionados para el tratamiento de la enfermedad de Alzhéimer y enfermedad de Parkinson. También los flavonoides tienen efecto de disminuir las consecuencias de la hemorragia y el traumatismo craneoencefálico, así como potentes efectos neuroprotectores y de recuperación de la fuerza motora. Los flavonoides representan moléculas que, en el futuro, seguramente se van a utilizar como agentes inmediatos en la búsqueda más efectiva de rehabilitación neuronal.

LECCIÓN 5

La infidelidad es un suceso en el cerebro: siempre es una elección.

Enamorarse es un evento neuroquímico en el cerebro que involucra de 29 a 32 áreas cerebrales y la actividad de más de 15 neuroquímicos entre hormonas, neurotransmisores y neuromoduladores en secuencia. El enamoramiento es una hermosa y peligrosa proyección neuronal de lo que se quiere y desea en una persona. Por la naturaleza neuroquímica de liberación de dopamina que genera placer y disminuye la actividad inteligente de la corteza prefrontal, el enamoramiento como evento neuronal gradualmente se autolimita y desensibiliza en un promedio de 3 a 4 años. En contraste, el amor es una secuencia de activación de 12 a 16 áreas cerebrales, con una mayor eficiencia neuronal, entendimiento de límites y aceptación de la pareja con sus errores y limitantes. El amor a diferencia del enamoramiento es un evento más duradero, el cual acepta la persona como es, se aprende y se construye en él y es una decisión a largo plazo. El amor interpreta las consecuencias de las decisiones y los límites, lo que en el enamoramiento no existe o se dificulta mucho.

El cerebro de los humanos es el único capaz de convivir en sociedades íntimas o familia por mucho tiempo con uno de los principales objetivos de vida de cuidar a los genes (hijos, nietos) y procurar los cuidados de la relación de pareja por mucho tiempo; no existe límite en dicho tiempo, entonces ¿por qué algunos deciden ser infieles?

En la ciencia es muy complicado identificar constantes, y si estas existen, darles una explicación resulta controversial en ocasiones; desde el punto de vista científico, el cerebro humano no puede construir la fidelidad como un objetivo fundamental, ya que ésta se entiende gradualmente con determinismos recíprocos entre lo social, psicológico con lo biológico y viceversa, se aprende, y se proyecta a lo largo de la vida, nuestra evolución ha demostrado lo importante del cuidado de los genes, para que estos se queden en este planeta por mucho tiempo. Desde un análisis psicológico y social, la fidelidad ha hecho que esta especie a la que pertenecemos sea más eficiente en la búsqueda y repartición de los recursos para sobrevivir y, por otra parte, ha incidido en el cuidado que trasciende en una mayor expectativa de vida. Aun cuando no les guste a muchos, ser fieles a una pareja repercute en la economía, salud y mayor esperanza de vida.

La fidelidad representa un triunfo de la función de la actividad de la corteza prefrontal, la parte más inteligente del cerebro para el entendimiento de los límites sociales y las consecuencias de romperlos. Ser fieles representa estabilidad y a través de una construcción biológica y social, el mantenimiento de un orden. Los seres humanos no somos fieles por un orden biológico, sino por una obediencia social y confort psicológico. En el entendimiento de que cada tres o cuatro años el humano en promedio puede enamorase, la búsqueda de estas emociones asociadas a aprendizaje o una pérdida del interés por la pareja, comúnmente son los principales detonantes para buscar incrementar los niveles de dopamina con otras personas o posibles parejas.

¿Qué sucede primero: la infidelidad o la crisis de la pareja? Una infidelidad se considera uno de los acontecimientos más estresantes en el curso de una relación. Si la dinámica de la pareja suele ir mal, ir cuesta abajo, puede derivar en la decisión de ser infiel. Ante una infidelidad, la satisfacción de la experiencia de vida con la pareja disminuye mucho antes de cometer la infidelidad, ésta existe en el pensamiento y viene gradualmente —en la mayoría de los casos— construyéndose en la región del sistema límbico del cerebro; la relación de pareja está en crisis antes de que una de las partes sea infiel. La falta de comunicación, la monotonía, la lejanía física o simplemente la inmadurez, juntas o por separado están latentes en este proceso.

Las mujeres infieles indican sentirse mejor después de una infidelidad en relación con los hombres infieles. Desde el análisis de las neurociencias, ellas tienen un elemento para escoger y elegir a las posibles parejas, de manera más inteligente y con evolución neurobiológica y genética, ya que el cerebro de una mujer escoge y premia a la pareja que tiene una diversidad genética respecto a ella, entre más diferente sea a sus genes, para ella es un factor de seducción biológica. Ellas pueden oler el complejo mayor de histocompatibilidad —los varones no pueden hacerlo—, con ello, las mujeres evitan o rechazan consanguinidad. La infidelidad femenina es más evolucionada que la del varón, ya que ella pone más elementos para escoger o cambiar a la pareja. Los varones son más propensos a citar insatisfacción con su relación como motivo de la aventura, son básicos en la elección, ya que comúnmente su evaluación depende de una valoración física de la posible pareja, lo cual gradualmente y con el paso del tiempo, lo volverá a desilusionar por la desensibilización neuronal en su cerebro de la dopamina que lo hace inmediato y hedónico. La mujer siempre evaluará más cosas en el momento de tomar la decisión respecto a la infidelidad.

LECCIÓN 6

El cerebro psicópata de ¿un superhéroe?

Las películas de Hollywood, en especial, aquellas que están basadas en cómics, suelen llevar a la pantalla la historia de un personaje bueno contra un archienemigo, este último, comúnmente hace cosas no meritorias que deben ser castigadas. Resulta interesante que hay Superhéroes, cuya violencia está justificada y entendida como lo que debe ser. Para el cerebro humano, es sumamente atractivo que el bien triunfe sobre el mal, sin cuestionarse si atrás de este evento de justicia, hubo una violencia incluso asimétrica entre el superhéroe contra el villano. Por ejemplo, la lucha entre el hombre murciélago (el caballero de la noche) y su archienemigo el Guasón, pocas veces ha sido analizada en el terreno psiquiátrico, ¿a quién consideramos el superhéroe?, en el terreno de la salud mental, el hombre murciélago (o su alter ego: Bruce Wayne) tiene un trastorno de la personalidad que cubre los estándares a cumplir con el perfil de un psicópata. En tanto que las características de la personalidad del guasón, lo definen como un sociópata.

¿Cuáles son las características que debe tener un cerebro psicópata? Los datos conductuales más comunes en su expresión son:

- No muestran sentimientos de empatía, culpa o lealtad.
- No saben esperar; no pueden contener las emociones: es aquí y ¡ahora!
- No importan los sentimientos de los demás.
- Comúnmente generan dolor moral, adversidad e incomodidad en las personas, sin sentir algún remordimiento.
- A veces son encantadores, para después humillar.
- Son a menudo irrespetuosos y egocéntricos.
- Suelen ser meticulosos y manipulan.
- Generan violencia, amenazas y suelen ser despiadados.
- Disminuyen la autoestima de los demás, son controladores emocionales.
- Generan odio, pero procuran victimizarse.

Un psicópata tiene pocas conexiones neuronales en la corteza prefrontal, lo cual es un sustrato neurológico para disminuir y en ocasiones no tener frenos sociales; además se ha identificado que tiene altos niveles de catecolaminas (dopamina, noradrenalina) que los hace buscar su placer en la violencia que genera en el ambiente social. Si bien el psicópata y el sociópata son comunes en este proceso cerebral, un rasgo que marca al sociópata es que no es meticuloso, es espontáneo en su proceder y no sigue reglas.

En los rasgos de un psicópata en la vida cotidiana, éste suele también expresarse a través de las redes sociales de manera característica: realmente cree que sus ideas son superiores. Comúnmente, a quien agrede, previamente lo ha lastimado o ha sido injusto. Un psicópata en redes sociales se siente amenazado, se siente honesto por decir lo que siente y busca la justificación con otros que piensen como él. A diferencia, el sociópata, que comparte muchos de estos rasgos de la personalidad, suele ser desorganizado, sin planes y caótico en su proceder.

Un psicópata genera dolor en las personas sin sentir remordimiento. Humilla, es irrespetuosos, amenaza, violenta, destruye la autoestima de los demás. Genera odio. Un psicópata tiene pocas conexiones neuronales en la región denominada corteza prefrontal, sin frenos sociales, tiene altos niveles de catecolaminas que lo hace buscar en la violencia el placer.

Varios estudios clínicos muestran que la psicopatía y sociopatía tienen origen en común en la etapa en la que el cerebro está conectando diversas regiones cerebrales, en especial entre los 7 a los 14 años. Cuando la experiencia de vida es traumática a estas edades, si hay contusiones craneales o existe violencia, abuso o violación se inducen modificaciones histológicas, citoarquitectónicas, fisiológicas y neuroquímicas de la corteza prefrontal disminuyendo con esto la formación de los grupos neuronales que en la etapa adulta controlará las habilidades sociales de ese individuo. Es muy interesante que en las pantallas el héroe viene de una tragedia. La gran mayoría de los héroes justifican su violencia, sin que se generalice esto, la gran mayoría de los paladines de la justicia tienen rasgos de una inadecuada salud mental.

LECCIÓN 7

Las metáforas dependen de la emoción y el lugar

Tu corazón es una piedra.
Sus cabellos eran de oro que resplandecía.
Estoy entre la espada y la pared.
Me rompes el corazón.
Tengo el ánimo por el suelo.
Me partió el alma.
¿Perdiste un tornillo?
Eran mariposas en mi estómago.
Estaba en las nubes.
El proyecto está en pañales.

Una metáfora es el desarrollo de la actividad neuronal que nombra algo con otra cosa, para forzar una asociación o analogías. Tiene una interacción directa entre el tiempo, el espacio y la conducta. Nuestras experiencias sensoriales cambian nuestra manera de pensar e interpretar a las metáforas e influir en ellas para entender o proyectar la intención, significado y el proceso cognitivo. Las metáforas obedecen directamente al estado de ánimo que a su vez depende de los niveles de dopamina y oxitocina. La metáfora depende de la inteligencia del cerebro que la interpreta: el cerebro más metafórico es más inteligente y creativo. La metáfora reduce el impacto negativo de una situación de la vida, homogeniza el buen ambiente o reduce la tensión social, pero también puede desarrollar una inadecuada interpretación de los hechos.

Las metáforas entre más habituales son, dejan gradualmente de ser creativas. En un ambiente de mayor libertad, camaradería y sonrisas, las metáforas surgen más y tienen una mayor diversidad, es decir, el contexto ambiental y social en el que nos encontramos induce un pensamiento figurativo, influye en la conducta y la descripción. Un ejemplo de esto es que, si se intenta ser creativo para decir y pensar en metáforas, es recomendable caminar, correr, hacer algo inusual, disfrutar de lo que se hace, escuchar música, identificar diferentes ritmos y sobre todo tener una interacción de afecto y complicidad. El hecho de sentirse cómodo, con buen estado de ánimo y con participación de las ideas creativas, la metáfora puede ser un adherente social, se puede convertir en un sistema para una mejor convivencia entre amigos.

LECCIÓN 8

El lenguaje del llanto

El cerebro humano adulto tiene en promedio 86 000 millones de neuronas activas, las cuales permiten estar atrás de nuestras conductas, pensamientos, pasiones y reflexiones. ¿Qué es lo que nos hace ser la especie única y maravillosa y al mismo tiempo terrible, adictiva y conflictiva que somos ante la naturaleza y ante nosotros? Llorar nos libera emocionalmente, reduce los niveles de noradrenalina y cortisol. Nos empata socialmente. Llorar nos hace humanos.

Hablemos de llorar y su interpretación.

No somos los únicos mamíferos que lloran, pero si los únicos que interpretan el llanto y las conductas que lo acompañan. El humano es el único mamífero que genera lágrimas por emoción. Las lágrimas liberan tensión emocional, incrementan en el cerebro beta-endorfina, disminuyen cortisol, las lágrimas son el resultado del incremento del metabolismo cerebral.

El llanto se convierte en una herramienta psicológica y social de intercambio, tanto de quien llora como de quien interpreta las lágrimas en el rostro ajeno, modificando con ello la manera de interacción que tiene el humano. Llorar nos hace humanos, nos tranquiliza, nos calma y permite la atención selectiva. En un adecuado margen de salud mental, nadie puede reír frente a alguien que llora, menos aún si existe una discusión; el agresor al interpretar el llanto por sus neuronas espejo, disminuye la necesidad de agredir y la necesidad de tener la razón. Paradójicamente, no llorar en etapas tempranas de la vida, nos predispone a la depresión cuando se es adulto joven. Evitar el llanto predispone más a la ansiedad y reduce la recuperación del estrés postraumático. Sin embargo, el llorar también nos genera liberación de endorfina, la cual puede generar tranquilidad además de adicción. La secuencia de llorar es para tranquilizarnos o reducir la sensación de amenaza, dolor o soledad después de algún detonante aversivo o ante situaciones tristes. Sin embargo, esta situación puede hacer que el cerebro busque el llanto para regular la imposibilidad de adaptarnos y gradualmente buscar a la menor provocación las lágrimas que hagan que los demás pongan atención en el rostro triste y tener la ganancia secundaria de la satisfacción.

Las lágrimas inducen un estado de incremento de consumo de glucosa por parte de nuestras neuronas, por esta razón, llorar nos genera cansancio físico e inducen a tener hambre, de ahí que llorar nos hace tener sueño e incrementa nuestra ingesta calórica. Ningún cerebro humano, por su naturaleza neuroquímica puede llorar por un periodo mayor de 20 minutos. El ser humano suele llorar más por la tarde y por la noche entre las 6 y 10 de la noche. Lo hacemos por pausas, que nos tranquilizan, nos cansan y en paralelo modifican la evaluación de la situación, sin darnos cuenta, activan a nuestras neuronas, Es importante mencionar que frecuentemente el hambre está detrás de las muchas lágrimas que salen de nuestros ojos.

Existen tres factores neuroquímicos que nunca fallan para hacernos sentir mejor:

Llorar cuando lo necesitas, reír cuando sea posible y abrazar a quien te quiere.

LECCIÓN 9

¿Miedo a ser feliz?

El cerebro humano cuando le teme a algo que es evidente o palpable y le representa riesgo, dolor, vergüenza desarrolla una respuesta llamada miedo; es la emoción que más puede desestabilizar a una persona. Comúnmente, evitamos estímulos nocivos, aversivos; es normal sentir miedo cuando un evento se considera perjudicial o cuando se anticipa a una condición que genera impresiones o creencias inflexibles. Es normal querer evitar o eliminar elementos negativos en nuestra vida. Identificar la fuente del temor para superarla incrementa nuestra autoestima y nos permite aprender y ser asertivos.

Por lo anterior, llama la atención que hay personas que le tienen miedo, aversión o fobia a la sensación de felicidad. Este proceso está relacionado con la depresión o, en su defecto, con personas que entre los 7 a 14 años de edad se les sometió a violencia constante, hostilidad o abandono, peor aún, sufrieron una violación. El temor a ser feliz está relacionado al pensamiento de no merecer la felicidad y no creer en sus capacidades, no sentir sus logros, aspirar a una buena vida les genera pena. Continuamente se acompaña de una inevitable tristeza o sensación de pérdida.

El miedo a ser feliz se asocia con pensamientos mágicos (distorsiones cognitivas y creativas que orientan de manera equivocada el origen de muchas cosas), si bien cada pensamiento mágico puede asociar conclusiones absurdas, equivocadas o llevar a trastornos de la personalidad, este pensamiento tiene una función, disminuir los niveles de ansiedad. Uno de los componentes de pensamiento mágico que se asocia al miedo a la felicidad, se refiere a que después de disfrutar, reír o sentir que se está pasando un buen tiempo, eso se asocia a desgracias o situaciones tristes: después de una felicidad viene un trago amargo o lágrimas. Este pensamiento disminuye significativamente el deseo de sentirse feliz.

El miedo a la felicidad es muy común. El temor se manifiesta de diferentes formas: ser feliz se asocia a sentirse relajado e improductivo. En Latinoamérica, resulta que muchos piensasn que buscar sentirse mejor o tener privilegios los hace vulnerables y tristes; la búsqueda de la lucha por ser mejor o salir adelante debe ser a través del sufrimiento, el dolor y la lucha en contra del mundo. En contraste, la felicidad puede asociar eventos negativos como la pasividad, las omisiones o la flojera: "Prefiero seguir trabajando, fuerte y aunque triste a estar de flojo en mi casa, engordado y aunque feliz, improductivo". Se piensa que si se es feliz es más fácil que alguien les arrebate el motivo de su felicidad. Es decir, para evitar el dolor de perder la felicidad, es mejor seguir sufriendo.

El miedo a la felicidad se puede identificar cuando a una persona le incomoda sonreír, considera que la felicidad que experimenta dura poco y no vale la pena, le aterra que se acabe. La pregunta constante es ¿para qué? Y al no tener respuestas concretas, prefiere no luchar o cambiar por un logro. Cuando los resultados no son importantes y se recuerda que hubo gente que desconfió en las capacidades, en los sentimientos, la incomodidad aparece, se alejan, el silencio impera. Los pensamientos mágicos son muy poderosos en las proyecciones lógicas de las personas, "ser feliz siempre precede a una tragedia", "siento culpa de esto, no lo merezco".

La terapia psicológica ayuda a entender que estamos en este mundo para disfrutar, para no sentirse mal por tener placer, es adecuado buscar emociones gratas sin agredir o molestar a los demás, sin drogas, es posible vivir bien con lo que se tiene, y es adecuado aspirar a ser feliz, aunque esto sea breve.

LECCIÓN 10

El cerebro humano es belicoso

10% de las muertes de la población en el planeta las han causado las guerras. Somos una especie muy especial, queremos tener siempre la razón, si esto no sucede, solemos tratar de imponerla. Ante la pérdida de un privilegio o la sensación de no continuar obteniendo las ganancias esperadas, aparece la avaricia y la violencia humana.

El ser humano suele imponer su punto de vista. Cuando la labor inteligente del diálogo no es posible o la negociación adecuada se termina por imponer con violencia; se generan guerras, conflictos armados por la búsqueda del poder, la imposición de ideas o la lucha intransigente de la ganancia material. Actualmente, vivimos una época en que, paradójicamente, hay menos guerras y la muerte por arma de fuego es menor que en cualquier otra época de las naciones. La muerte humana en una guerra, es menor a la que hace 200 años se tenía. Sin embargo, si bien el ser humano ya no tiene un depredador que lo amenace, él mismo se ha convertido en su propio factor nocivo crónico. No importa que tenga la corteza prefrontal mejor conectada, que sea el mamífero con mejor integración de inteligencia y adaptación. Tampoco importa que sepa que es la única especie que un día va a morir, el ser humano es inteligente, pero es capaz de cometer los mismos errores muchas veces, independientemente de la época de la que estamos hablando, se convierte en un ser belicoso por el simple hecho de querer tener y mantener su razón.

LECCIÓN 11

Romper la empatía

Cuando la amígdala cerebral funciona con gran actividad en sus núcleos y no se contra-regula adecuadamente por la corteza prefrontal, las emociones son adversas, comúnmente interpretadas de manera aversiva y generan apatía social. En contraste si la corteza prefrontal se activa y gradualmente disminuye la actividad de la amígdala cerebral, el proceso empático se logra.

La empatía es la capacidad cognitiva de conectarse emocionalmente con las demás personas, debido a que se reconoce, se comparte y logran entenderse los sentimientos y el estado de ánimo de otro ser humano. La empatía emana de una adecuada actividad de las neuronas de la corteza pre-frontal, el hipocampo y la amígdala cerebral.

El ser humano, en un adecuado margen de salud mental, cuando imagina que alguien sufre, lo ve vulnerable, está en soledad, tiene dolor o abandono, estos detonantes le generan sentimientos de desazón, lo entiende y lo comparte, quiere ayudar. A diferencia, los psicópatas no desarrollan este proceso y su personalidad caracterizada por la frialdad, la crueldad ante el sufrimiento ajeno no tiene una regulación adecuada entre la amígdala y la corteza.

Cuando se hace una medición a través de resonancia magnética funcional de este sistema anatómico, una persona que observa diferentes fotografías en donde hay niños golpeados, implorando, una madre llorando abrazando a su pequeño hijo enfermo, la gran mayoría de nosotros sentimos conexión con el dolor de las emociones en la fotografía y la activación de la corteza prefrontal se observa en la resonancia, aumenta la llegada de sangre a esta zona del cerebro. Sin embargo, si estas neuronas de la empatía no se activan, es lo que caracteriza al cerebro de individuos psicópatas. Ellos, los psicópatas, son incapaces de realizar un pensamiento prosocial, su mente solo aprecia lo que sucede en sí mismos, el dolor físico y moral de la persona que tienen enfrente no logra interpretarlo, no le importa, no lo ve. La percepción del dolor moral no lo imagina, no lo entiende, no le es empático. La corteza prefrontal ventromedial está prácticamente inactiva en el cerebro de un psicópata. Es evidente que, en el cerebro humano, cuando la comunicación entre estas dos estructuras no es la adecuada la empatía disminuye.

La oxitocina, la hormona del amor, reduce los niveles de cortisol, incrementa la empatía y los apegos. Esta hormona se libera en el trabajo de parto y el amamantamiento, pero también durante el orgasmo, los besos o los saludos. La empatía depende mucho de la oxitocina, la cual, su gen puede inducirse a formar oxitocina si se habla calmado, existen abrazos y manifestación de cariño.

La terapia cognitivo funcional, la estimulación magnética transcraneal y la meditación a través de la atención plena puede ayudar a conectar este sistema.

LECCIÓN 12

Deterioro neuronal asociado por el grupo sanguíneo AB

El grupo de sangre que tenemos se debe a una proteína que se expresa en la membrana de los glóbulos rojos de la sangre, desempeñan un papel activo en la fisiología y patología de muchas de las células de nuestro cuerpo. Las asociaciones entre el tipo de sangre y las enfermedades se han estudiado desde principios del siglo XX, cuando se determinó que los anticuerpos y los antígenos de la sangre se heredan, al igual que algunos tipos de enfermedades.

La susceptibilidad a diversas enfermedades, como el cáncer, las enfermedades cardiovasculares, las infecciones y los trastornos hematológicos, los trastornos cognitivos, las enfermedades circulatorias, las enfermedades metabólicas y la malaria, se han relacionado con los grupos sanguíneos.

Se ha identificado que las personas que tienen el grupo sanguíneo AB son susceptibles a un mayor riesgo de deterioro cognitivo, independientemente de la región geográfica, la edad, la raza y el sexo. Trastornos como la hipertensión, la obesidad, la dislipidemia, las enfermedades cardiovasculares y la diabetes también fueron más prevalentes en personas con deterioro cognitivo relacionados con el grupo sanguíneo AB. El tipo de sangre O tiene una relación con una mayor incidencia de cólera, peste, infecciones por tuberculosis y parotiditis, mientras que el tipo de sangre A está relacionado con una mayor incidencia de viruela e infección por pseudomonas aeruginosa; el tipo de sangre B también se asocia con una mayor incidencia de gonorrea, tuberculosis e infecciones por bacterias como el *streptococcus pneumoniae*, E. coli y salmonella; en especial, el tipo de sangre AB se asocia con una mayor incidencia de viruela e infecciones por E. coli y salmonella.

La mayor incidencia de cánceres de estómago, en ovarios, en las glándulas salivales, en el cuello uterino, en el útero y en el colon/recto fue mayor en las personas con tipo de sangre A respecto a las que tienen sangre tipo O.

10% de la población mundial tiene el grupo sanguíneo AB. Este grupo de personas tiene la particularidad de asociar al envejecimiento el incremento de la probabilidad de deterioro cognitivo más fuerte y degenerativo.

Estudios prospectivos indican que una vejez asociada a una mala dieta y tener grupo sanguíneo AB, representa una probabilidad de padecer disminución en la capacidad de aprendizaje, reducción de memoria a corto plazo y depreciación de funciones ejecutivas. Sin embargo, no todo está perdido, una dieta saludable asociada a ejercicio con regularidad, disminuye estos factores de manera considerable aun teniendo grupo sanguíneo AB. Es fundamental saber qué grupo de sanguíneo se tiene para considerarlo como un factor de riesgo en la salud de un futuro mediato de daño neurológico.

LECCIÓN 13

El circuito de la desilusión: se asocia con depresión

Los seres humanos activamos más neuronas cuando estamos tristes, cuando nos sentimos engañados o asociamos información negativa con falsa y viceversa.

Las personas que tienen depresión observan con un mayor énfasis lo negativo. Cuando el cerebro recibe información no grata o triste, la persona con depresión le otorga más tiempo de atención y no la desensibiliza. Las personas con depresión son más sensibles a los rostros tristes, a la información negativa y no responden o lo hacen muy tenue ante situaciones de felicidad o caras sonrientes. Las neuronas de la habénula lateral (una región del cerebro junto al tálamo) se activan por acontecimientos negativos en una mayor proporción, además, ante situaciones, inesperadas o insospechadas. También se activan cuando hay la pérdida de una recompensa que ya se tenía prevista. La habénula se activa cuando no recibimos un premio, cuando somos soslayados, o en el momento que nos sentimos engañados o somos testigos de una traición. Estudios recientes muestran que los pacientes con depresión tienen una disminución de serotonina también en la habénula, esto genera un incremento en su actividad, de tal manera que un incremento en la actividad de la habénula hace pasar malos momentos al cerebro.

La habénula es un núcleo medial con una relación muy importante con el tálamo, asociado a funciones sensoriales y motoras. La habénula lateral se relaciona con respuestas de motivación, mientras que la medial está comúnmente relacionada con sensaciones y actividad motora. Su actividad guarda una íntima relación con la generación y la percepción del miedo y la depresión.

De esta forma, una persona que no tiene depresión, o detecta un engaño o un error, lo afronta y lo regula más rápido ya que los niveles adecuados de serotonina permiten una disminución de la actividad de la habénula. Cuando hay depresión asociada a serotonina disminuida, la habénula funciona más rápido y por más tiempo y la sensación de desilusión se prolonga y se enfrasca en detección de elementos negativos. La sensación de desilusión y desencanto emana aquí y es constantemente reforzada.

LECCIÓN 14

Comer para las neuronas

El humano come aun cuando no tiene hambre.

El cerebro humano consume el 20% de la glucosa que ingerimos todos los días, mantener metabólicamente a nuestras neuronas es muy caro, es el órgano que más demanda glucosa en condiciones basales. El peso de nuestro cerebro representa solamente el 1.5% de nuestro peso corporal, pero es capaz —él solo— de consumir la quinta parte de lo que comemos, ningún otro órgano de nuestro cuerpo hace esto. Asociado a ello, la fisiología de nuestro cuerpo nos indica que cuando ingerimos alimentos, la velocidad de vaciamiento gástrico es en promedio de cuatro horas, aunque existe una disminución en la motilidad intestinal cuando dormimos; el estómago que está conectado a nuestro hipotálamo, suele informar de la necesidad de comer cada 6 horas, es decir entre tres a cuatro veces al día. Dependiendo de la cantidad de calorías y proteínas que consumimos, el vaciado gástrico aumenta o disminuye, por ejemplo, comer carne roja retrasa el vaciamiento y no tenemos hambre en un promedio de 6 a

10 horas, pero comer pescado, acelera el vaciamiento del estómago y en 4 a 5 horas volvemos a tener la sensación de querer volver a comer. Por otra parte, también influye en nuestro balance de comer y saciarnos, el cómo gastamos nuestra energía; en un ambiente de ejercicio físico o actividad mental, es evidente que también influye en el hambre que tenemos. La sensación de hambre es lo que nos hace buscar los alimentos; sin embargo, el ser humano ha sido capaz de romper los horarios de alimentación, la frecuencia de ingesta, la calidad y la cantidad de alimento que consume. Hemos aprendido a comer, aunque no tengamos hambre, porque la comida se asocia a placer, a evadir conflictos o a algunos padecimientos físicos o trastornos de la personalidad. Entre 30 a 40% de la población de este planeta tiene un hábito inadecuado con la comida, un conflicto con el vínculo entre lo que come o la cantidad de ingesta calórica que consume. Es menester entender que el estrés incrementa el hambre, la necesidad de placer inmediato o el resolver a corto plazo con la comida un conflicto. Las situaciones de estrés, ansiedad, tensión o incertidumbre se asocian a una ingesta de alimentos conocida como atracones de comida, el cerebro en tensión emocional conecta más áreas neuronales, por lo que ante esta amenaza crónica procura tener más energía no importando si la amenaza es real o ficticia por lo que la necesidad de carbohidratos se incrementa. Por otra parte, una inadecuada jornada de sueño (dormir menos de 6 horas por día o privarnos de un sueño reparador) es capaz de incrementar las hormonas que aumentan la sensación de hambre durante el día, estas hormonas son las hipocretinas u orexinas. Si sumamos la privación de sueño y el estrés cotidiano, tenemos un importante factor social y psicológico que hace que los seres humanos ingieran más calorías de lo que deberían.

Después de los 40 años de edad, la velocidad de nuestro metabolismo suele disminuir y somos más propensos a subir de peso. Este proceso de almacenar energía en forma de grasa se vuelve crónico, asociado con una disminución de la utilidad, es decir, una parte de estas calorías no se van a utilizar. La disminución del ejercicio físico, la disminución de la actividad de las glándula tiroides y el páncreas gradualmente son las causas por la cual la glucosa y los ácidos grasos se almacenan en nuestro cuerpo, este proceso en la época de las glaciaciones era un mecanismo de defensa ante el frio intenso y la disminución de alimentos que se quedó en nuestros genes, por lo que ahora, en este mundo dinámico en el cual la esperanza de vida aumentó, nuestro cuerpo tiende a generar la máxima eficiencia con el mínimo gasto de energía, y la mayor probabilidad de ganar peso.

La ingesta de alimentos comúnmente se acompaña con un incremento de dopamina, serotonina, y endorfinas en el cerebro, lo cual hace que los alimentos se asocien a experiencias satisfactorias. Comer lo que nos gusta es un goce. Ésta es una de las explicaciones por las cuales somos una especie que ante un problema, dilema o frustración buscamos el placer a través de los alimentos. El conflicto inicia cuando se ingiere de manera inadecuada cierto tipo de alimentos. Somos la única especie capaz de seguir comiendo aún saciada el hambre o, peor aún, comer a todas horas, es decir, en diferentes horarios. La dieta del humano cambió notablemente en los últimos cien años, mientras que en 1924, una persona promedio consumía 34 kilos de glucosa al año, en el 2024 consumimos en promedio 52 kilos de glucosa al año, es decir, hoy ingerimos 53% más carbohidratos que en el siglo anterior. Si asociamos que los carbohidratos incrementan la liberación de dopamina y endorfina, hay un impacto directamente en el ambiente neuroquímico neuronal, nos acerca a la adicción a través del placer de comer, pero este proceso a su vez desensibiliza la sensación placentera necesitando comer más. Es decir, consumir más glucosa no nos ha traído más placer, nos ha generado más adicción y mayor probabilidad de comer, subir de peso y asociar a enfermedades crónico degenerativas como la diabetes e hipertensión.

LECCIÓN 15

La memoria y el olvido

El olvido no es una patología, la memoria nunca es perfecta.

La memoria es la consecuencia eficiente de un proceso de plasticidad sináptica entre varios núcleos del cerebro, entre ellos el hipocampo y la corteza prefrontal. La memoria es la capacidad para almacenar información a través del aprendizaje es el proceso de retención y uso de información para utilizarla en diferentes periodos. A diferencia del aprendizaje, que es un proceso, la memoria puede desarrollarse independientemente de la edad que tengamos. La memoria es el resultado de varios mecanismos sinápticos, de neurotransmisores, incluso moléculas, en los cuales se encuentra englobados el glutamato (neurotransmisor excitador cortical) y el GABA (principal neurotransmisor inhibidor), el primero estimulando y generando conexiones neuronales y el segundo permitiendo la entrada de los estímulos más importantes en un período específico. Los recuerdos se vuelven menos intensos y detallados con el paso del tiempo, conservándose únicamente lo esencial.

La memoria depende de la eficiencia que tiene el calcio en la construcción de varios procesos fisiológicos activos dentro de las neuronas. Además, es fundamental para que se forme la memoria, la actividad de las mitocondrias (organelos que dentro de las neuronas están involucrados en la formación de energía —ATP— y sustancias químicas). Todas las mitocondrias de nuestro cuerpo dependen del óvulo de nuestra madre, por lo que en este punto debemos reconocer que es la mujer y no el varón de quien depende toda la generación de la energía de nuestras células, la formación de neurotransmisores y la plasticidad neuronal. ¡Gracias, mamá!

Para la memoria es importante la síntesis de proteínas en el hipocampo, lo cual es el sustento para la formación de nuevas redes neuronales e incremento en la eficiencia de conexiones y liberación de neurotransmisores. También, la memoria depende de la frecuencia de estimulación y las emociones que acompañan al evento. Es decir, la memoria es incorrecta cuando la información no interesa al cerebro, cuando las neuronas no ponen atención o cuando no hay emoción. La memoria es mejor cuando se hace ejercicio físico, si se realizan hábitos para tener atención, si se ha tenido un sueño reparador, si se acompaña de periodos alternos de estudio y reposo, y se asocia a motivar el interés y a tener resultados inmediatos con reforzadores. Si los procesos de aprendizaje y memoria se acompañan de los neurotransmisores acetilcolina y dopamina, se memoriza más rápido, con mayor eficiencia y se consolidan mejor. Como ejemplo, queda claro que recordamos con mucha precisión la primera vez de un beso, las vacaciones maravillosas en la infancia, la fiesta increíble o la pérdida de un ser querido, si la emoción va acompañada de un evento, la memoria queda fortalecida. Sin emociones, solemos recordar después de 9 horas solo un

5% de lo que vimos y menos del 3% de lo que escuchamos. Queda de manifiesto que cada recuerdo que tenemos de las cosas se ha transformado con el transcurso del tiempo, cada vez que pensamos en algo modificamos su recuerdo, lo editamos, lo cambiamos. De tal manera que nuestros recuerdos no son videos, son ediciones paulatinas que modifican la secuencia o los resultados, la mayoría de las veces a favor de nuestros pensamientos o sesgos. Un día después de haber sido testigos de un evento o aprendido de las cosas, solo nos quedamos en promedio con 40% del conocimiento real del acontecimiento. La mayoría de nuestros recuerdos son inexactos, más aún cuando estos se formaron de experiencias esporádicas, breves o muy emotivas.

En la evolución temporal de nuestra biografía, la actividad neuronal y la conexión de áreas cerebrales poco a poco se van haciendo más lentas, la memoria a corto a plazo se reduce, paradójicamente manipulamos más los recuerdos. De hecho, la memoria a corto plazo, respecto a la de largo plazo, es la principal afectada por el estrés crónico, la mala alimentación o por la ausencia de sueño reparador.

El cerebro no memoriza cuando hay cambios anatómicos por traumatismos o en consecuencia a la violencia en la infancia; la memoria falla ante la ausencia de proteínas en la dieta; la memoria es deficiente ante la presencia de algunos fármacos que inhiben la síntesis de proteínas; la memoria es imperfecta en estados depresivos o enseñanza inadecuada, como también en alteraciones metabólicas y sensoriales (no utilizar anteojos o no escuchar bien) y finalmente el déficit de atención y el cansancio son fundamentales para impedir el aprendizaje y la memoria.

Sí, olvidar no es necesariamente una patología, y sí es posible incrementar la memoria. Se recomiendan varias cosas que coadyuvan a la eficiencia de la memoria: jerarquizar la información, evitar tareas complejas si no hay experiencia, reducir el estrés otorgando una explicación; dormir bien, analizar detalles, comer adecuadamente, tener una dieta rica en frutas y verduras (por lo menos 6 porciones al día) puede incrementar hasta 47% la retención cognitiva y se memoriza mejor; respirar profundo en periodos frecuentes; buscar reforzamientos positivos (un auto regalo para estimularse), romper rutinas, sesiones de música (40 minutos cada 2 a 3 meses) incrementan la conectividad en redes neuronales, clave para mejorar la memoria y la capacidad de comunicación social y por supuesto, se debe evitar el consumo de drogas o alcohol.

Un recuerdo mal formado puede ser reactivado en una situación similar pero irrelevante, generando que el recuerdo sea más incorrecto, en lugar de una nueva experiencia. El cerebro aprende y memoriza más, cuando se escribe a mano comparado a cuando se escribe en un teclado. Nuestras neuronas no recuerdan días, recuerdan momentos e instantes. Es incapaz de ser feliz "para siempre" o de llorar intensamente por mucho tiempo. A lo largo de la vida, el cerebro autolimita la expresión de sus emociones.

LECCIÓN 16

El cerebro y los beneficios de bailar

La música para el cerebro tiene efectos estimulantes, basados en un cambio neuroquímico inmediato (en menos de 10 segundos) y de activación de eficiencia sináptica (ritmo al electroencefalograma de ondas gamma) que ayuda a varios procesos neuronales: movimiento, sensibilidad y memoria. Cuando la música tiene una frecuencia alta se puede asociar a factores pro sociales de intercambio de comunicación no verbal que a su vez hacen que los individuos inicien movimientos a favor de la música que vinculen más a grupos humanos y suelen asociarse a diversión, satisfacción y un estado psicológico de bienestar. El baile en cualquiera de sus manifestaciones es un proceso neuronal de asociación de música y movimientos sincronizados que al cerebro le agradan, en paralelo tiene beneficios desde la perspectiva social pues ayuda a homogenizar a los seres humanos.

Los efectos benéficos de bailar en nuestro cuerpo son muchos, desde las neuronas más eficientes y comunicativas, pasando por el sistema endocrino, el sistema osteomuscular y el sistema inmunológico. El baile tiene una nueva perspectiva en el manejo coadyuvante de personas con el diagnóstico de demencia de Alzhéimer y en la enfermedad de Parkinson. ¿Cuáles son estos efectos? ¿En qué se basan las afirmaciones de los efectos benéficos del baile y el cerebro?

Efectos benéficos de bailar:

1. Mayor plasticidad neuronal

Se fortalece la comunicación neuronal por el incremento de dopamina, glutamato y acetilcolina y el resultado es una condición de mejorar la memoria y el aprendizaje.

2. Mejora la memoria

Las condiciones de incremento de perfusión (llegada de sangre al cerebro) asociada a un estado emotivo dependiente de dopamina, favorece las condiciones de fortalecimiento de nuevas redes neuronales.

3. Incrementa el proceso de atención.

La dopamina, histamina y acetilcolina en la corteza cerebral, sistema reticular ascendente y el sistema límbico predisponen a una actividad mayor entre el hipocampo y la corteza prefrontal. El sistema neuronal de atención y las redes de reverberación (repetir varias veces) de información se fortalece.

4. Incrementa la velocidad del metabolismo aeróbico.

Se incrementa el consumo de glucosa y oxígeno por las células que permiten atención (neurona) y movimiento (célula muscular), esto hace que gradualmente se aprenda y disminuya la latencia de movimiento. La memoria de cada movimiento (frecuencia, fuerza, repetición) de cada músculo de nuestro cuerpo se fortalece.

5. Favorece la actividad cardíaca.

El corazón incrementa su frecuencia y fuerza de contracción para garantizar la perfusión del cuerpo, de cada órgano y por supuesto del mantenimiento de la actividad. Esta respuesta se favorece si hay niveles altos de adrenalina, lo cual hace aún más fuerte el proceso.

6. Fortalece los músculos y sistema inmunológico.

La actividad de células inmunológicas que detectan bacterias y virus se hace más fuerte. Bailar reduce la posibilidad de infecciones y ayuda a recuperar la salud de un paciente en convalecencia.

7. Mejora el estado de ánimo.

La dopamina, oxitocina y endorfina están garantizadas si bailar se hace con música que nos gusta. Generan motivación, apego y felicidad.

8. Incrementa el vínculo social.

Después de bailar con una persona, ésta no vuelve a ser como antes la veíamos. Afianzamos amistad, apego y por supuesto, en ocasiones es el inicio de una relación. El origen es que bailar incrementa la oxitocina de una magnitud que nos hace más sociables y reduce la violencia y agresividad.

9. Disminuye los niveles de cortisol.

Bailar es uno de los mejores factores sociales antiestrés: el motivo es que directamente la carga neuronal de la amígdala cerebral cambia la emoción, disminuyendo la actividad de la estimulación de la glándula suprarrenal.

10. Se otorga mejor el oxígeno a las células.

El oxígeno se utiliza principalmente para la formación de energía (ATP) y neurotransmisores. El respirar profundo, durante el baile es una fuente directa de estimulación benéfica: neuronal, muscular y glandular-endocrina.

LECCIÓN 17

El perfeccionismo tiene un marcador: comerse las uñas

Una personalidad perfeccionista es aquella que establece estándares muy altos en el desempeño de una evaluación constante de la conducta, genera de manera excesiva auto-crítica y creciente preocupación por cometer errores. Los perfeccionistas expresan una baja tolerancia a la frustración. El perfeccionismo es la convicción crónica y cruel de que se debe ser perfecto en todo, buscando siempre lo ideal y si no se logra, se crítica, se asocia a personalidades poco flexibles, con miedo al fracaso.

Estudios recientes en el campo de las neurociencias muestra que un perfeccionista ante un estrés, aburrimiento o frustración generan un acto compulsivo: comerse las uñas (onicofagia). La frustración ante un error, sentirse mal por no cumplir expectativas o querer llorar ante un fracaso es una de las consecuencias de tener una personalidad perfeccionista y es el detonante más frecuente en la generación para que una persona inicie a comerse las uñas o limpiarse en exceso las manos.

Prácticamente 85% de las personas que manifiestan onicofagia, tienen personalidad perfeccionista, tienden a una planificación minuciosa, trabajan más de lo necesario, suelen sentirse frustrados ante los errores, sentirse inactivos o aburridos les genera conflictos. A la persona perfeccionista le cuesta demasiado tiempo relajarse. El mal hábito de morderse las uñas y la parte lateral de los dedos, tienes origen de no saber qué hacer ante un conflicto o ante la antelación de la incertidumbre.

Cercano a un trastorno obsesivo compulsivo, sin serlo, el perfeccionista limpia en exceso sus lentes, su reloj o anillo, aplana la ropa como si la estuviera planchando, o suele peinarse varias veces; éstas son compulsiones que se observan en la personalidad perfeccionista. El cerebro necesita la satisfacción de cambiar esa sensación displacentera. Tiene la necesidad urgente ocuparse en algo, arreglar algo. Lo que para él es al inicio un alivio, en minutos pasa a ser vergonzoso y le procura dolor. Las neuronas corticales de la ínsula y el cíngulo tratan de limitar el fastidio, el enojo o el aburrimiento, evitando no manifestarlo hacia otra persona, pero en la medida que lo repite constantemente muestra una inquietud.

Entender la situación de onicofagia como marcador de perfeccionismo, ayuda al tratamiento y terapia psicológica de las personas que ya tienen lesiones, cicatrices o infecciones constantes en los dedos, o zonas de alopecia (por arrancarse el pelo). Las conductas perfeccionistas se pueden mejorar a través de la terapia cognitivo conductual, cuando se logra aprender y pensar de manera directa, tratando de modificar de diferente forma cuando se aumenta la tensión o el estrés con el único fin de bloquear los impulsos de comerse las uñas.

LECCIÓN 18

El desorden incrementa de peso

El estrés es uno de los principales inductores para generar hambre. Cuando en el entorno hay desorganización, no hay horarios para la ingesta de comida, la mesa de trabajo se encuentra desordenada, la recepción de información cada vez es más caótica; si se nos informa intempestivamente de una mala noticia, se incrementa la liberación de noradrenalina, cortisol y disminuye la dopamina asociada a serotonina.

La sensación de estar a la expectativa, la latencia grande para generar una respuesta o la incertidumbre son detonantes para buscar a través de la comida una sensación placentera. El cerebro necesita sentirse que ordena, controla y puede motivarse. Comer en estas condiciones genera una carga calórica y en forma de atracón que cambia el metabolismo, el páncreas (insulina) y la tiroides (tiroxina) se activan de tal manera que el resultado final es subir de peso por el exceso de la carga calórica que se ingirió. Se come sin límite, se sube de peso velozmente.

Una vez que se encuentra en orden la situación, ya no hay detonantes de estrés, se terminó la prisa, sucede la magia de sentir menos hambre. No es necesario vivir la experiencia de manera personal, increíblemente, cuando alguien es testigo presencial o a través del video o la lectura percibe un ambiente crítico (cerrado, sin contacto social o doloroso), situaciones hipotéticas de guerra, desorden, desagravio, y ante esto, el cerebro es también más propenso a experimentar hambre.

Cuando una persona llega a acuerdos y tienen la sensación de que al menos los siguientes minutos-horas, habrá control de una situación extrema o difícil, la percepción del hambre disminuye. Sin embargo, las personas que sienten que hay un desorden y que no lo pueden controlar, el cerebro es capaz de inducir hambre para comer el doble o el triple. La ingesta calórica se asocia a liberar dopamina y beta endorfinas para tranquilizarse, como si fuera una droga, se busca un reforzamiento positivo.

El orden siempre beneficia, pero aún más, disminuye cortisol. El orden nos permite tener más control sobre nuestras cosas.

LECCIÓN 19

El maltrato y la violencia en el cerebro

El cerebro humano es el sitio en donde se generan los recuerdos, los proyectos de vida, las emociones más profundas, ahí radican también las experiencias negativas y la conducta violenta. El miedo, la violencia y la ansiedad son más tolerados en el adolescente y los jóvenes que en los adultos, es en esta etapa de la juventud en donde son más vulnerables nuestras neuronas ante los ambientes hostiles.

Catástrofes como sismos, huracanes durante la infancia, eventos violentos, maltrato social o migraciones hacen que el cerebro en un adolescente aprenda, retroalimente y viva a través de su generación con ansiedad y miedo. La gran mayoría de los eventos violentos que se viven en etapas tempranas de la vida, impactan de manera negativa en el futuro del ser humano, no solo como un aprendizaje, sino también como inductores de cambios en conexiones entre neuronas que gradualmente modifican la anatomía y el estado neuroquímico cerebral.

La violencia humana no es un hecho aislado. Es consecuencia de antecedentes en la vida. Un acto violento tiene precedentes biológicos, psicológicos y sociales. La etapa vital entre los 7 a 14 años es fundamental en cómo se organiza y se conectan áreas cerebrales con las cuales funcionará nuestro cerebro en los próximos años. En esta etapa de la vida, el giro del Cíngulo, el cual es el área cerebral que modula conductas, aprendizaje, emociones, atención y evaluación social, conecta y refuerza comunicación con el núcleo Accumbens, estructura neuronal que interpreta emociones, recompensa, muestra emotividad, situaciones placenteras y deseo. A su vez, en este periodo el hipocampo que es sitio de memoria, atención y aprendizaje, organiza conectividad con éstas áreas y con la corteza prefrontal, la cual representa el sistema de las funciones cerebrales superiores como la lógica, la congruencia, los límites, la objetividad, los valores sociales y el análisis matemático.

De los 7 a 14 años, el cerebro conecta sus módulos de memoria, aprendizaje y emociones; si en esta etapa existe violencia, abandono, mentiras, agresiones o maltrato, la huella anatómica, actividad eléctrica neuronal y neuroquímica, trastoca lo anatómico y fisiológico, lo cual puede cambiar la manera de cómo el futuro adulto se comportará ante eventos violentos, la víctima puede llegar a convertirse en victimario. Un cerebro violentado cambia la neuroquímica: la dinámica de liberación de neurotransmisores, hormonas, péptidos, que en consecuencia adaptan estímulos negativos de manera distinta, lo anterior es un aprendizaje ante una acción que genera una reminiscencia que va a perdurar toda la vida. De esta manera, un acto violento deja una huella anatómica y neuroquímica permanente, silente, difícil de cambiar, aunque no imposible de modificar.

Ser violentamente castigado de niño incrementa la respuesta neuronal al error (incrementa la sensación del error/

castigo), la respuesta embotada a la recompensa (menor percepción de los éxitos, menor felicidad a los resultados del trabajo). Semejante a los soldados en guerra, los cerebros infantiles violentados perciben señales de amenaza constante, lo cual sustenta su enojo e ira y en paralelo la normaliza, atenúa sus límites y la fomenta. Estudios recientes indican que regiones cerebrales como la ínsula, el hipotálamo y la amígdala cerebral, que son estructuras neuronales que ayudan a procesar dolor e interpretan amenazas, trabajan de una manera más rápida. El violento no piensa mucho en sus actos y las consecuencias, además de que no ve al otro como su semejante y tiene poca o nula empatía. Comúnmente, la persona violenta no tiene autocrítica, busca el anonimato para esconderse, al mismo tiempo que difumina sus responsabilidades y piensa que sus actos están justificados ya sea por su autoridad o conocimiento.

Los niños que han sufrido castigos corporales son más propensos a desarrollar cambios en su actividad electroencefalográfica, manifiestan mayor ansiedad y depresión a partir de la adolescencia. La violencia en la etapa de la infancia afecta la expresión del gen del principal factor neurotrófico derivado del cerebro: el BDNF (por sus siglas en inglés) disminuyendo su expresión, la consecuencia de esto es que al tener menos BDNF, las conexiones entre neuronas disminuyen, la víctima de la violencia reduce su conexión neuronal en áreas del cerebro que analiza, memoriza y desempeña funciones de adaptación a los problemas, por lo que al cerebro adulto le cuesta trabajo aprender, recordar o poner atención en detalles, interpreta con sesgos, no valora adecuadamente y genera más violencia.

Si los padres obligan a un niño a dar un beso o ser besado sin su consentimiento, le disminuye a su cerebro la detección del abuso en el futuro. Es necesario respetar el tiempo de vinculación con los demás. Los niños que soportaron muchas críticas o castigos por mostrar alegría o sufrieron maltrato, serán quizá adultos que no mostrarán empatía y reaccionarán con enfado ante el malestar de otros.

LECCIÓN 20

¿Infancia violentada es vida?

La violencia a largo plazo en la infancia modifica la actividad del cerebro humano. Paradójicamente, este resultado de plasticidad neuronal es una posible adaptación protectora a la exposición de eventos agresivos o amenazantes. No todos los abusos, actos violentos o maltratos generan el mismo daño neuronal.

El abuso sexual en la infancia induce déficits de conectividad en las estructuras cerebrales y en los circuitos neuronales que asocian placer en la etapa adulta, se reduce la actividad de redes neuronales asociadas a la irritabilidad y la tristeza. Una violación en la infancia tiene consecuencias terribles en la víctima cuando llega a ser adulto. La consecuencia de un abuso sexual de un niño que recibe abuso físico antes de los 14 años, se asocia con una serie de déficits estructurales y funcionales en el sistema límbico: una disminución del volumen del hipocampo en la edad adulta se relaciona con una reducción de la densidad neuronal de la sustancia gris cortical del lóbulo frontal (incluidas las circunvoluciones frontales inferior, media y superior, la corteza orbitofrontal y el cíngulo); estos cambios anatómicos son más significativos en el cerebro de las niñas que en los niños. Un abuso sexual en el cerebro infantil disminuye la capacidad de atención, memoria y aprendizaje cuando llega a ser adulto. Esto genera una disminución en el grosor cortical de la corteza somatosensorial, la corteza visual, el núcleo caudado y también disminución del cuerpo calloso, lo que incide directamente en un retraso de la maduración de la corteza prefrontal.

El maltrato emocional se relaciona más con cambios socio emocionales que se ubican en las regiones frontales y límbica de los individuos. Los niños que son desatendidos o que no se les hace caso, disminuyen la producción de sustancia blanca y con ello una disminución en su capacidad de conexión de los núcleos cerebrales para poner atención y desarrollar la memoria

La negligencia física define el rechazo del cuidado de la infancia o la omisión deliberada de proporcionar su atención; en ello se entiende que está ausente la supervisión, una mala nutrición en los infantes, sin otorgar vestido, refugio ni supervisar la higiene personal o la seguridad de un niño. La negligencia física de los padres o adultos incide directamente en la conexión del cerebro del niño, en especial cambian las conexiones de los sitios de emociones y la toma de decisiones; la conectividad de la amígdala cerebral con la circunvolución temporal media anterior izquierda, se asocia con una disminución de la densidad del cuerpo calloso y reducción de la actividad del cerebelo, es decir, la negligencia de los adultos predispone a un cerebro violento, con disminución de procesos de planeación.

El maltrato emocional, que puntualiza una crianza sin afecto, sin apego, afectos inadecuados, con fallas deliberadas en brindar o buscar la atención necesaria para problemas emocionales y de comportamiento, permite el abuso de sustancias o promueve el comportamiento desadaptativo. El maltrato emocional causa directamente un incremento en la actividad de las neuronas de la amígdala cerebral, con una disminución en la actividad de la corteza prefrontal e ínsula, esto es el sustrato anatómico de la conducta que, ante situaciones de peligro, predispone a una conducta agresiva inmediata asociada con dolor moral, un enojo crónico que es más evidente en varones que en mujeres. El maltrato emocional en la infancia hace adultos irritables y violentos, agresivos y groseros, poco comprometidos y carentes de autocrítica.

Finalmente, el abuso emocional, con agresiones verbales, gritos, golpes, abusos con testigos, amenazas, terror, administración de fármacos no recetados, se relaciona con cambios anatómicos en el cerebro, consistentes en incremento de la actividad de la amígdala cerebral asociado a una disminución del núcleo Accumbens, lo cual indica una predisposición a la violencia relacionada con tener menos elementos para sentirse feliz cuando el joven sea adulto, sin generar experiencias de bienestar, aun cuando estén presentes en la vida, entonces aparecen conductas de evitación, violencia impulsiva o carencia del control de impulsos. El cerebro de un niño con abuso emocional, predispone a un adulto que gradualmente no construye una adecuada autoestima, con disminución de afrontar las dificultades sociales.

Cuando la infancia ha sido difícil, cuando las cosas no han sido fáciles, pueden llevar a una etapa de adulto complicada, amargada y plagada de tristeza. El campo de la salud mental indica que sí es posible modificar el cerebro del adulto violentado en la infancia. No importa la edad, es posible incidir sobre los cambios neuroanatómicos y electrofisiológicos de un cerebro violentado en la niñez. 82% de las personas adultas de este mundo tienen una herida o una alteración en la infancia que incide en la tristeza y el enojo cotidiano. La neuropsicología, la terapia psicológica profesional, la atención médico-psiquiatra y, por supuesto la meditación y la estimulación magnética transcraneal pueden ayudar a cambiar este factor que en la infancia se detona. Nunca es tarde para incidir sobre un cambio neuronal por violencia infantil, hoy podemos decir que infancia violentada ya no es vida.

LECCIÓN 21

Trastornos que se iniciaron fuera del cerebro

Los humanos somos sujetos bio-psico-sociales, por ello los trastornos mentales pueden afectar nuestra frecuencia cardiaca, presión arterial, frecuencia respiratoria, sudoración, lagrimas e hidratación de la piel. Lo que le sucede a nuestro cuerpo, a algunos órganos como el hígado, la tiroides, los riñones, el intestino, puede afectar la manera como pensamos, dormimos o cambia nuestra conducta.

Cuando no se hace una adecuada revisión e integración, muchas enfermedades no son bien diagnosticadas, la interpretación de los datos de signos y síntomas suelen malinterpretarse. La atención médica y psicológica se puede quedar incompleta e ineficiente.

Muchas de las enfermedades que llegamos a tener, que se inician en alguna parte de nuestro cuerpo u órgano, inicialmente y de manera errónea, solemos pensar que su origen es el cerebro, por ejemplo, dolores de cabeza, cambios en la conducta, visión borrosa, estupor, cansancio extremo, irritabilidad, ansiedad, nerviosismo, etc. Algunas de estas enfermedades se pueden identificar y ayudar al diagnóstico clínico al analizar estudios de laboratorio (química sanguínea, perfiles hormonales, electrolitos séricos, estudio coproparasitoscópico, etc.) y gabinete (rayos x, electrocardiograma, electroencefalograma, resonancia magnética, etc.) los médicos y profesionales de la salud, debemos realizar un minucioso estudio de cada paciente antes de recetar psicofármacos, es necesario solicitar los estudios específicos para mejorar los diagnósticos: qué y para quién.

Enfermedades de órganos que afectan al cerebro

Pacientes con sinusitis (infección e inflamación de los senos paranasales) infección de vías respiratorias altas, incluyendo las amígdalas tonsilares y la faringe, comúnmente inician su padecimiento con sensación de cansancio y datos de tristeza, desánimo, sin ganas de realizar ninguna actividad. Esto comúnmente se asocia con una disminución en la oxigenación, un incremento en citoquinas, interleucinas y leucotrienos. Los datos de cansancio son la expresión de una activación inmunológica que al tratar de hacer más anticuerpos y activar linfocitos, inducen una respuesta para reducir el movimiento de nuestro cuerpo. Una biometría hemática nos brindaría información de la infección y evitaría otorgarle a un paciente un manejo de la depresión.

Alteraciones en la glándula tiroides en especial la disminución de la actividad de ella (hipotiroidismo, el 1% de la población mundial tiene o ha tenido esta patología) comúnmente se acompaña con depresión, apatía, hipotermia y sensación de cansancio extremo. En el caso de hipertiroidismo se incrementa la actividad metabólica, suele acompañarse de agitación, irritabilidad e intolerancia al calor. Es común entender que toda persona con hipotiroidismo tiende a sentir datos de depresión. Muchos pacientes son tratados y atendidos con datos de depresión sin realizar un perfil tiroideo. En 75% de los casos, en estos pacientes con diagnóstico de hipotiroidismo con depresión secundaria, responden al tratamiento hormonal, suficiente para mejorar, no necesitan y nunca necesitaron antidepresivos o ansiolíticos.

Cuando una persona tiene anemia (disminución del número de glóbulos rojos o de la hemoglobina), tiene problemas para la concentración, le cuesta trabajo aprender, recordar, tiene dolores de cabeza, palpitaciones frecuentes, temblores y una palidez marcada. El origen de la anemia puede ser por perdida de sangre (hemorragia) o por no comer hierro y vitamina B (ferropriva). Una cuantificación de glóbulos rojos y hemoglobina brindarían información para evitar otorgar oxigenadores cerebrales o antidepresivos.

La disminución de calcio, vitamina A y D, suele acompañarse de una sensación de agotamiento extremo y dificultad para poner atención y recordar.

En un estado de hipoglicemia, se acompaña de agitación, angustia, incapacidad para poner atención, fallas en la forma de comunicar, apatía, además de un cambio rápido en la personalidad. Sudoración, piel fría, ansiedad. Por increíble que sea, muchas personas, utilizan medicamentos para bajar de peso o dietas extremas, suelen ir al médico para indicar su estado de nerviosismo extremo y los médicos sin estudiar adecuadamente el caso, recetamos ansiolíticos o antidepresivos. Una dieta equilibrada y uniforme, ayuda.

Si los niveles de calcio disminuyen considerablemente se observa agotamiento extremo y disminución de la capacidad cognitiva. Si el potasio es el que disminuye sus niveles en la sangre, inmediatamente se genera dolor de cabeza, irritabilidad, taquicardia y cambios en los patrones de sueño. Adecuados niveles de vitamina C se asocian con una disminución en la probabilidad de padecer depresión.

Cuando existen alteraciones hormonales en estrógenos y progesterona a expensas de un ovario poliquístico, los cambios conductuales y en la personalidad se pueden asociar con cambios hormonales. Los datos clínicos suelen relacionarse con la dificultad para tomar decisiones, dolores de cabeza, irritabilidad, y comúnmente dolores de abdomen. Una revisión abdominal, ultrasonido y perfil hormonal ayudan. Pero los médicos solemos poner atención a los datos de irritabilidad o el estrés. Lejos de una mala práctica médica, que no se descarta, el principal problema es que no llegar al diagnóstico adecuado prolonga el padecimiento.

La gran mayoría de las inflamaciones, cambios en el calcio, en el potasio, por disminución de la hemoglobina o por cambios en la oxigenación antes de diagnosticarse, los astrocitos y la microglía —las otras células del cerebro además de las neuronas—, han identificado el problema, solo que, la respuesta ha sido el dolor de cabeza (por inflamación de la arterias de las meninges), somnolencia, cansancio, sensación de sueño (cambios en la oxigenación), irritabilidad por cambios en la excitabilidad de las neuronas de la amígdala cerebral e hipocampo.

Una deshidratación del cuerpo, también puede deshidratar al cerebro. Esto es el origen del agotamiento e incapacidad para poner atención. Puede suceder una agitación nerviosa que puede llegar a crisis de angustia.

Si por alguna razón, la concentración de sodio en la sangre disminuye, el cambio de la persona es tendiente a adormilarse, disminuir su fuerza muscular y dormir más de 20 horas al día, 60% de estos casos en pacientes geriátricos responden a una adecuada hidratación, agregar sodio y po-

tasio a su sangre cambia favorablemente su memoria, prosodia y la respuesta al cuestionamiento.

Nos conviene a pacientes y médicos informarnos mejor
en ambos canales de los signos y síntomas de las enfermedades. Integrar bien los diagnósticos y realizar el seguimiento
del manejo farmacológico.

LECCIÓN 22

Al cerebro humano
¿qué lo hace humano?

El cerebro humano hace cosas únicas que solo él puede realizar: analiza entre 10 a 10.5 millones de datos por segundo; pesa apenas 2% del peso corporal, puede generar 48 pensamientos por minuto y logra tomar 2160 decisiones al día. También integra a una gran velocidad, experiencias, planifica el futuro, toma decisiones y discrimina con gran exactitud. Genera y entiende el lenguaje, como ninguna otra especie de mamíferos. Posee información de sus limitaciones y capacidades. Pretende desarrollarse e integrarse a la cultura para tener comunicación a través de redes sociales.

La inteligencia humana ha permitido a esta especie comunicarse con gran velocidad, viajar por el aire-agua-tierra, explorar el espacio; ha encontrado la forma de trasplantar órganos de un cuerpo a otro, modificar la esperanza de vida, utilizar medicamentos especializados y tener la capacidad de generar vacunas contra bacterias o virus que lo amenazan.

Las neuronas de nuestro cerebro nos permiten apreciar el arte, llorar ante una emoción, hacer y escuchar música y tener relaciones interpersonales por mucho tiempo. No obstante, el cerebro también se equivoca, se obsesiona y puede tener trastornos, por eso nos confundimos o malinterpretamos.

El cerebro humano no es el cerebro más grande de todos los mamíferos, el elefante o la ballena tienen cerebros más grandes y no realizan lo que el humano genera, por lo que inteligencia no siempre va relacionado con un mayor tamaño cerebral. Nuestro cerebro ha demostrado tener una gran inteligencia a lo largo de su vida con una corteza prefrontal que lo hace único; esta estructura es la que más neuroplasticidad genera, la que lo hace entender el lugar que tiene en la vida y al mismo tiempo la que toma las decisiones. Somos capaces de entender errores, pero equivocarnos con la misma omisión más de 2 veces. Somos maravillosamente inteligentes, pero cuando nos enamoramos o nos emocionamos disminuimos esta capacidad. ¿Qué hace al ser humano tan especial? La respuesta es simple: su cerebro, y ¿qué de él lo hace realizar cosas hermosas y a veces tan tontas?

Veamos de qué es capaz

- **Amenaza a otras especies.**
La corteza prefrontal le ayuda a jerarquizar información y es la fuente de su conocimiento y evaluación de riqueza; su inteligencia no siempre ayuda a otros.

- **Decir groserías y mentiras.**
Utiliza las malas palabras para disminuir el dolor y llamar la atención con ello. Busca liberar endorfina a través de ellas.

- **Se excita viendo pornografía (genitales, posiciones, palabras).**

El humano ha desarrollado su placer a través de la sexualidad. Ninguna otra especie realiza un proceso tan sofisticado. La dopamina y noradrenalina que esto le genera lo puede llevar a la adicción.

- **Tener sexo en cualquier época del mes-año.**

No obstante a que el humano tiene ciclos hormonales, el cerebro humano pudo lograr adaptarse a todos los climas y circunstancias de luz para hacer que sus genes se queden en este planeta por más tiempo.

- **Presumir y sentir envidia.**

Ninguna especie animal aspira a ser más de lo que es, solo el ser humano.

- **Generar adicciones psicológicas y farmacológicas.**

La búsqueda del placer puede llegar a ser una obsesión para esta especie, tratando de disminuir el dolor, preservar el placer y generar felicidad de manera artificial.

- **Violencia premeditada contra su propia especie, genes y entorno.**

El placer del control aunado a la violencia que aprende, asociado al incremento de testosterona y desarrollo de plasticidad neuronal a lo largo de su vida, hace al cerebro más vulnerable y genera violencia en contra de su especie.

- **Planificar y prever el futuro.**

Su gran plasticidad neuronal le permite integrar información externa, discriminar y comparar con experiencias previas. Es la única especie que sabe que un día va a morir. La confrontación con la propia finitud desencadena las reacciones de gestión del miedo.

● **Tomar decisiones por evaluación en la memoria y proyección futura.**
Su hipocampo y corteza prefrontal lo hace un cerebro único con gran velocidad de actividad.

● **Conocer sus enfermedades y procurar su salud.**
Puede cuidar su salud, prever y aprender cómo mejorar. Tiene un sistema inmunológico avanzado que se comunica con su cerebro.

● **Generar y utilizar tecnología: volar, transporte, telefonía celular, comunicar.**
Sus neuronas cortico-frontales han logrado desarrollar computadoras y una tecnología de comunicación que lo hace relacionarse como ninguna otra especie.

● **Hacer y comprender el arte (música, pintar, bailar).**
La capacidad del cerebro humano para liberar dopamina, serotonina y endorfina ante estímulos breves lo hacen único, desarrolla su felicidad por aprendizajes y motivaciones.

● **Lenguaje y copiado de conductas.**
Ha desarrollado un sistema de comunicación infalible. Con reglas para entenderse con exactitud. Para ello, desarrolla una comunicación que hace interconectar cada vez más neuronas.

● **Análisis matemático y pensamiento mágico.**

A través de algoritmos nuestras neuronas pueden prever, analizar y tomar decisiones. Nuestro cerebro aprende de errores y busca controlar el futuro, pero cuando no puede hacerlo, él mismo genera explicaciones mágicas que lo tranquilizan.

● **Simbolismos e interpretación de emociones.**

El cerebro humano puede entender a otro ser humano y trabajar con los procesos psicológicos; en menos de 1 segundo somos capaces de interpretar rostro y escuchar el tono, pronunciación y acentuación de la voz (prosodia). Tenemos en el cerebro una estructura llamada cíngulo que inmediatamente trabaja al escuchar la voz humana. Ningún otro estímulo hace tantas conexiones neuronales como lo hace la voz humana.

● **Amor y enamoramiento.**

El cerebro humano tiene capacidad pro-social y sentido moral que lo dirige. Promueve 29 áreas cerebrales que disminuyen su lógica cuando se enamora, reduciendo su eficiencia inteligente durante 3 o 4 años. Su madurez logra hacerlo entender que la relación de pareja puede trascender, entonces activará con esa persona —a partir del 4 año de relación— 12 áreas cerebrales, que le harán sentir apego, convivir y reconocer que pueden vivir juntos, por muchos años, envejecer juntos y cuidar sus genes en la siguiente generación: sí, el amor le ayuda a esta especie a vivir mejor.

LECCIÓN 23

La melancolía es mala consejera

La convivencia con mi abuela era difícil, ella tenía sentimientos constantes de amargura, humillación, tristeza crónica, expresaba ganas de venganza ante tantas experiencias gravosas que había tenido en su vida. Hoy sé que dentro de su enojo y su frustración se encontraba el trastorno postraumático por amargura.

A lo largo de la vida, la gran mayoría de los seres humanos no logramos eliminar la sensación de injusticia o de agravio. Quienes tienen amargura en su vida, no tienen los recursos psicológicos para afrontar los detonantes de su tristeza y menos para resolverlos, suelen cargar su amargura que se esconde como problema psicológico crónico, está en los dolores de cabeza, el colon irritable o el cansancio crónico, la vulnerabilidad constante, la pérdida de pelo y trastornos de alimentación (bulimia, anorexia). La sensación de injusticia no les permite sentirse bien en el presente, valoran y admiran a las imágenes justicieras, aunque con ellos también sean injustos.

La ira, la frustración y el enfado son una triada que no falla en el trastorno postraumático melancólico. Algunas personas pueden relacionar directamente la necesidad de buscar el alcohol, tratando de olvidar, pero se empeora el caso o la crisis. Las personas que tienen este trastorno melancólico, en su tristeza aparece la ideación suicida. Comúnmente, estas personas tienen odio hacia personajes semejantes ya sea físicamente o por actitudes que detonaron el problema. Paradójicamente la melancolía se esconde en una actitud moral, rígida y con necesidad de venganza. Eventualmente, las víctimas llegan a ser victimarios y reparte sus culpas a la siguiente generación.

Por la conducta crónica que tienen, es sabido que su nivel de resiliencia es muy bajo, les cuesta trabajo perdonar y pedir perdón; la carencia de recursos de afrontamiento les obliga a esconder sus sentimientos y palabras. No obstante, la terapia psicológica puede funcionar y pueden ayudar mucho, si no a resolver el problema, a que la amargura se detecte.

Tal vez hoy, habría comprendido más a mi abuela, y no solo juzgarla. En su visión, su mundo fue injusto, ella trató de defenderse como podía. No me trató mal, tampoco lo hizo bien; lo más injusto es que yo me alejé de ella sin comprender lo que le sucedía. A su muerte, a la distancia, mi abuela me ayuda ahora a entender mejor a las neurociencias y sus diagnósticos.

LECCIÓN 24

Dormir mal para el cerebro

Dormir bien es aprovechar fisiológicamente el tiempo: aprendemos mejor, reduce el cortisol, mejoramos la síntesis de neurotransmisores y de sus receptores, garantizamos la adquisición de memoria, disminuimos la producción de radicales libres, el sistema cardiovascular se regula y la actividad inmunológica se fortalece. En contraste, dormir mal o un estado de insomnio crónico induce un proceso emocional que incrementa la internalización de emociones negativas. Dormir poco incrementa la sensación de soledad. Para un cerebro promedio, se debe de dormir al menos 6 horas al día, dormir menos de este tiempo incrementa la formación de memorias falsas o tener confusiones en los recuerdos o distorsionar el contexto de un problema.

Dormir de manera inadecuada favorece un estado de alteraciones en los procesos cognitivos y emocionales. Desvelarnos disminuye la actividad neuronal de las áreas cerebrales relacionadas con la empatía. El cansancio reduce la disposición de ayudar. Un estado de insomnio es común que se relacione directamente con ansiedad y depresión.

El insomnio crónico o la privación de sueño no son lo mismo, pero ambos detonan un evento de deterioro neurológico, la privación de sueño no se recupera de forma inmediata. Por ejemplo, necesitamos una semana promedio para recuperar atención, memoria y eficiencia en nuestras respuestas cuando quitamos más de 4 horas a nuestro sueño del día.

Dormir inadecuadamente, por ejemplo, menos de 5 horas por día, modifica la secreción de hormonas que regulan el apetito llamadas orexinas: desvelarnos contribuye a la obesidad, ya que, si las orexinas se elevan, se tiene más hambre durante el día incrementando con ello la ingesta de calorías y fomentando los atracones de comida. Cuando somos jóvenes soportamos privarnos de sueño. Ser mayor de 65 años y dormir menos de 5 horas incrementa el doble de riesgo de padecer demencia.

Si el cerebro se desvela cambia el metabolismo, se activa en función de tratar de adaptarse a las nuevas condiciones de falta de reposo, es un estresor que incrementa los niveles de cortisol, con ello se reduce la capacidad de atención. Tiene efectos negativos sobre las conexiones neuronales las cuales no logran establecer adecuadamente los nuevos aprendizajes o mejorar la atención y memoria.

Algunas personas duermen poco y tienen sueños reparadores, ¿por qué están bien los que duermen menos de 6 horas al día? 2 variantes genéticas: el DEC2 y el ADRB1 se asocian a sueños cortos y reparadores. Sin embargo, pueden asociarse a trastornos psiquiátricos. Cansados o privados de sueño somos emocionalmente más irritables y solemos llorar más.

El sistema digestivo es la clave para el insomnio: el intestino debe tener una relación adecuada con el cerebro a través de la formación de la microbiota intestinal (bacterias que viven en el tubo digestivo, en especial en el colon) por medio del nervio vago o bien por una comunicación de sustancias y productos que pasan por la barrera intestinal, viajan por la sangre y llegan al cerebro pasando la barrera hematoencefálica. Comúnmente, el microbiota genera ácidos grasos de cadena corta que pueden utilizarse como energía o bien son indispensables para la formación de neurotransmisores como lo son el glutamato y el GABA, además de favorecer la producción en el intestino de triptófano y tirosina, utilizados para la formación en el cerebro de serotonina, noradrenalina, dopamina y adrenalina. Un estado de alteración del microbiota intestinal, una disbiosis, puede deberse a la producción masiva de radicales libres (electrones desapareados por efecto de cambios en el metabolismo del oxígeno), la caída de los sustratos químicos que hacen que nuestro cerebro funcione adecuadamente llevan a un estado de insomnio.

Por lo que ahora no solo toca entender lo que está asociado a nuestra dificultad para dormir: un ambiente en el cuarto de dormir muy iluminado, con ruido, con temperaturas extremas, una cama/almohada inadecuada, estrés o ansiedad en el día, una dieta inadecuada, tensión emocional al tratar de dormir, debe sumarse a cómo se encuentra el estado de nuestro intestino.

LECCIÓN 25

El café y sus efectos neuronales

Tomar café ayuda a poner más atención, pero no evita que cometamos errores al estar sin dormir. La cafeína, uno de los principios activos del café (además de taninos, antocianinas, lignanos, melanoidinas, terpenos, flavonoides y trigonelina), tiene la capacidad farmacológica de inhibir el cansancio por desplazamiento de los receptores de AMP y adenosina en las neuronas, así como de inhibir a la enzima fosfodiesterasa, cuyo efecto es incrementar de manera intracelular los niveles del segundo mensajero AMPc, el cual es un activador metabólico al activar la oxidación y la generación de energía (ATP). De una u otra forma la cafeína incrementa la actividad del sistema nervioso. No obstante, aunque nos despierte o nos active, no nos hace infalibles.

Tomar una bebida con cafeína antes de ir de compras incrementa la impulsividad de adquirir artículos y de gastar dinero. Más aún, tener una tarjeta de crédito en la mano o revisar los sitios de ventas por internet asociado a la ingesta de café, origina que las compras se pueden realizar con mayor facilidad: el café estimula las ganas de comprar. La ingesta diaria (por 10 días) de cafeína induce plasticidad inmediata pero transitoria en el lóbulo temporal medio e hipocampo que ayuda a la concentración.

El café contiene más de 900 sustancias volátiles que interaccionan tanto con receptores de la nariz como de la lengua. Un buen gourmet sabe que saborear café incrementa la sensibilidad al dulce y disminuye la percepción de lo amargo. El café funciona antes de comer y por supuesto después de terminar los tiempos de la comida. Tomar dos o tres tazas de café al día equivalen a 200 mg de cafeína, esto es suficiente para que en menos de 30 minutos se mejore la velocidad y precisión en el reconocimiento de las palabras.

El sabor del café no es igual para todas las personas que degustan incluso la misma taza: la genética desempeña un papel fundamental. Algunos cerebros no perciben determinados compuestos amargos, otros individuos son especialmente sensibles a ellos. Otros más pueden tener el efecto paradójico de la cafeína, se cansan o les da sueño, esto solo sucede en 1% de la población.

Con tan solo oler el café, activamos a nuestras neuronas; al oler la cafeína, en nuestro cerebro se activa la expresión de 11 genes responsables de la producción de sustancias antioxidantes, es decir, inhibimos el efecto de radicales libres y conservación de las neuronas; el café nos activa y también protege a las neuronas.

Existe la controversia científica de si es factible ayudar con la ingesta de café a algunas personas que tengan padecimientos degenerativos como lo son la enfermedad de Alzheimer y el Parkinson. El consenso indica que tomar 2 a 5 tazas de café al día pueden ayudar a proteger y disminuir la probabilidad de padecer Alzheimer y otras demencias. En contra del Parkinson son menos las evidencias y no parece ser tan protector. Es importante mencionar que el café tiene un lado B, y es la inducción fuerte de provocar gastritis y colitis a quien lo consume en forma crónica, además de generar este proceso puede disminuir el proceso de evacuaciones, es decir, provocar estreñimiento. A nivel cardiovascular, 2 tazas de café al día aseguran un mejor funcionamiento cardiaco y por supuesto una mejoría en la depuración renal.

LECCIÓN 26

Neuronas saludables

Nuestra cotidianidad obliga al cerebro a realizar tareas que en la mayoría de las veces no quiere, a cumplir plazos detonantes de tensión, estrés y ansiedad, a soportar a gente que no nos gusta, a tener necesidades económicas y cargas de preocupaciones que no nos pertenecen. Ese ambiente es adverso y cargado de oposición a lo habitual. Sumamos más neuronas para pensar en lo adverso que estimularnos con recuerdos felices. Existen tres elementos que nunca van a regresar a tu cerebro: 1) el tiempo; 2) el origen de las oportunidades y 3) la inocencia.

Vivir para algunas personas es una competencia de obstáculos y de relevos. Tener una negación constante de aceptarnos tristes o fastidiados, y decir comúnmente la mentira más concurrida: estoy bien. Después de los 35 a 38 años de edad, en promedio vamos a perder miles de neuronas a diario. A esta edad, conocemos las limitantes de la vida, reflexionando que no siempre tendremos la razón, podemos identificar que no todo será posible de cumplir y sin embargo nos afianzamos a vivir.

La experiencia de la vida no es sufrir, tampoco se trata de vivir la felicidad por tiempos completos. Si entendiéramos que venimos a ser felices y tratar de hacerlo y no a darle gusto a los demás, sería posible entonces mejorar la salud mental o defendernos mejor ante los embates de los golpes de realidad. ¿qué podemos hacer? No hay reglas, no existen decálogos, sin embargo, las neurociencias pueden ayudar a mejorar los momentos infelices y las experiencias más adversas. ¿Cómo podemos tener más y mejores neuronas saludables?

- **Tomar café.**
  Activar a nuestras neuronas para poner atención.

- **Ejercicio cotidiano.**
  La base para una mejor perfusión cerebral y producción de BDNF (factor neurotrófico derivado del cerebro) y más conexiones neuronales.

- **Perdonar.** Liberación de oxitocina, empatía y disminución de sentimiento de adversidad.

- **Meditar.** Promueve conexiones neuronales, mielinización, cambios electrofisiológicos y promueve redes neuronales para la atención. Respirar profundo y poner atención en ello 20 minutos al día tiene efectos maravillosos en la corteza cerebral.

- **Aprender** 1 a 2 cosas el mes. Genera plasticidad neuronal y mejora atención y memoria.

- **Abrazar.** Un abrazo sincero reduce estrés, cambia la manera de ver un problema y genera liberación de oxitocina en nuestro cerebro.

- **Enojarse menos.** No se trata de no enojarse, sino de autentificar el proceso emotivo ¿qué es lo que te hizo enojar? ¿Qué liberó noradrenalina y cortisol de esa manera? ¿Vale la pena? Ante estas respuestas debemos aprender a gestionar en tiempos cortos el problema y buscar adaptarse a ello.

- **Jerarquizar problemas, romper rutinas.** La corteza prefrontal ayuda a ello, no todos los problemas a la vez, no todos juntos, no todos son importantes en la misma gama. Atender la importancia de cada uno ayuda en la manera de enfrentarlos, solucionarlos y adaptarlos.

- **Llorar cuando lo necesites, reír cuando sea posible.** Las lágrimas ayudan, necesitamos disminuir cortisol, noradrenalina e incrementar endorfina, dopamina y oxitocina. Ambas emociones cambian la manera de respirar, tanto en frecuencia como en profundidad, la oxigenación cerebral debe ser la base de una recuperación.

- **Alimentarse adecuadamente.** Comer proteínas con una dieta adecuada en calorías, baja en grasas saturadas y con hidratos de carbono complejos que favorezcan una microbiota saludable.

- **Descansar.** Dormir más de 6 horas.

- **Reforzamientos positivos** (date un gusto). Una fuente espontánea de dopamina y endorfina ayuda siempre.

- **Lectura diaria.** La necesidad de activar el hipocampo y los hemisferios cerebrales, la emoción límbica y la conexión con áreas cerebrales relacionadas con la lectura son fundamentales en la inducción de una plasticidad neuronal positiva.

- **Romper ciclos negativos de estrés y violencia.** Identificar detonantes, pedir ayuda profesional, saber con quién contamos, sentirnos con apoyo es fundamental para valorarnos más y mejorar nuestra autoestima.

- **Evitar drogas o adicciones.** Nunca son buenos apoyos, lejos de una victimización, las drogas, sin excepción, inducen a la muerte neuronal.

LECCIÓN 27

Habilidades para manejo de una crisis o problemas

¿Qué hacer cuando hay una crisis emocional? Ante un problema personal de alguien a quien queremos ¿qué decir? ¿Cómo hablar? Estos puntos no sustituyen a un profesional, pero podemos abonar a contener una crisis emocional.

- Serenidad y no sobrecargar. Una cosa a la vez, pero sobre todo más corteza prefrontal.
- Atención a los límites y valores: pensar antes de actuar. El aprendizaje del hipocampo ayuda, es el momento de nuestras memorias.
- Buscar la empatía de ida y vuelta: nadie es malo en su propia película. Un poco de oxitocina ayuda a entender la posición del otro.
- Conocimiento sin sesgo, una explicación que ayude. Es válido aplicar todas las estrategias y conocimientos para resolver conflictos.

- Más tolerancia menos incertidumbre. Prefrontal, cíngulo, ínsulas e hipocampo, es un arte respirar, entender y controlar.

- Conocer emociones, validarlas, aceptarlas, no hay determinismos ni reglas: es válido llorar (15 min), enojarse (35 min), estresarse (90 min) pero con el límite del tiempo que gestionan nuestras neuronas.

- Repetir sin ser necio: el objetivo, la meta, el problema, siempre enseñan, no se responde ¿por qué? Es mejor plantear ¿Para qué? Es el privilegio de ser más inteligente que el problema.

- Valorar otras opciones de solución: un cambio de perspectiva elimina ser monotemático, obsesivo y solo buscar el culpable. Menos cortisol, más oxitocina y endorfina.

- Ser humilde al conocimiento. Reconocer fallas, aceptar disculpas u ofrecerlas. Saber etiquetar y jerarquizar información.

- No todo es para hoy, si es urgente, se pide ayuda. La persona más importante de este listado es quien está leyendo estas notas.

LECCIÓN 28

Oxímoron: arte y creatividad en palabras activas para las neuronas

Una yuxtaposición resulta de agregar o unir dos oraciones simples, separadas por una coma; se utilizan para realizar una oración completa. La primera es un adjetivo que otorga o potencia información de la segunda frase. Separadas no tienen tanto significado o valor, su sintaxis se incrementa cuando van juntas.

> Ama siempre, besa todo lo que puedas.
> Necesito un descanso, trabajé todo el fin de semana.
> La noche quedo atrás, un día comienza.
> Si sales ahora, te pones un suéter.

Cuando la definición o el contenido de información se opone entre ambas frases o es una contradicción se denomina oxímoron:

> Tensa calma
> Cobarde valiente
> Silencio ensordecedor
> Muerto viviente

A diferencia de la yuxtaposición, el oxímoron es un componente de la retórica con un poder para llamar la atención, activar neuronas y ser un gran método para comunicar. Esta manera de escribir es eficaz cuando se utiliza en la poesía, incrementa el interés neuronal por el juego del contenido descrito.

La lectura en el cerebro de un pleonasmo, un colmo o un oxímoron es inmediatamente registrada, ya que se activan redes neuronales de los lóbulos temporal, parietal izquierdo, el hipocampo y la amígdala cerebral, pero sobre todo la corteza prefrontal izquierda. Esto indica que el cerebro detecta errores semánticos o atiende con más detalle los significados contradictorios. Entender la creatividad involucra más áreas cerebrales, pero también motiva a impulsar la creatividad y dominarla. Mas oxímoron ayuda a relajar la lectura, a disfrutar más los contenidos.

El hecho de que la corteza prefrontal esté involucrada es por el tratamiento de los contenidos y la proyección de las palabras, le otorga la parte cognitiva al pensamiento y a la lectura, sin ello no se aprecia el verdadero enganche literario de los pensamientos descritos en las palabras.

LECCIÓN 29

Las mascotas en el cerebro

Los animales de compañía, en especial los perros o los gatos tienen un impacto positivo sobre la salud y el bienestar de sus dueños. Las visitas personales de mascotas y las intervenciones asistidas por animales disminuyen el dolor físico, la presión arterial, el estrés, la depresión y la ansiedad de los pacientes en hospitales o casas de retiro, además de aumentar la movilidad y la socialización. Las mascotas nos mueven más y afianzan más nuestras responsabilidades.

El cerebro humano establece relaciones emocionales y de apego con sus animales, con sus mascotas. Esto no es espontáneo, es un proceso de intercambio de redes neuronales, tanto humanas como de mamíferos inferiores; compartimos mecanismos psicológicos y cognitivos con el cerebro de nuestras mascotas. Para beneficio, nuestra convivencia con los animales incrementa el apego del hombre por su sociedad.

Es un hecho que los niveles de cortisol en nuestro cerebro disminuyen significativamente a los cinco minutos de abrazar a nuestra mascota y esto naturalmente reduce totalmente la actividad neurobiológica del estrés. Los efectos son sustentables y demostrables: tranquilidad, compañía, risas, satisfacción, etcétera.

No solamente en el cerebro de personas normo típicas tienen efecto las mascotas, también en aquellas que pertenecen a la neurodiversidad hay una mejoría de la interacción entre humanos y animales. Por ejemplo, en el autismo y la esquizofrenia, la presencia de un perro o un gato disminuye la angustia y contribuye a la relajación de la persona.

Es un hecho que el dueño de un perro o un gato consigue tener más seguridad en sí mismo y mejora su estrés ante situaciones difíciles cuando su mascota está a su lado. En la medida que convive con una mascota, los grupos sociales humanos mejoran sus recursos sociales de convivencia.

Las mascotas nos proporcionan un regalo maravilloso de aprendizaje y cuidado. Ellos no saben que un día van a morir, nosotros sí. El valor de la vida de una mascota es igual que la de un ser humano para un niño de 3 a 5 años, gradualmente esto cambia. No obstante, hay vidas de mascotas que para algunas personas afianzan ese valor día a día a través de liberar dopamina y oxitocina, como tal vez otro humano haría. Amor incondicional es el de tu gato o tu perro esperando tu caricia y una palabra suave.

LECCIÓN 30

Los besos en la boca

¿Por qué tocarnos los labios?

Los primeros mamíferos en este planeta masticaban por mucho tiempo su alimento antes de deglutirlo. Las madres, después de este acto, les otorgaban el alimento a sus crías en la boca, con ello la madre distinguía si su cría tenía hambre, fiebre o alguna enfermedad. Este proceso de estimulación fue generando una mayor sensibilidad en el área de la boca, con lo cual, el cerebro humano evolucionó como marcador de alimentación y erotismo. Además, como dato interesante, el humano ladea la cabeza cuando besa, porque aprende a hacerlo en las primeras etapas de comer del seno materno, marcando con ello el hemisferio cerebral dominante.

Solemos tener repugnancia de la saliva de otras personas, nos intimida, nos aleja, nos pone en tensión o simplemente nos da repulsión, asco. Sin embargo, cuando la otra persona pertenece a nuestro entorno más próximo, por ejemplo, una relación estrecha con hijos o la pareja, disminuye significativamente la sensación del asco. En la boca pueden vivir hasta 1300 tipos de bacterias diferentes con aproximadamente 20 000 genes distintos. Cada beso es un reto para el sistema inmunológico y, sobre todo, también para nuestras neuronas.

¡Bésame!

Un beso esperado y largo en los labios, es capaz de liberar endorfinas que generan placer como droga que interviene en el sistema opioide, adicción desde la primera exposición.

Un beso que entrelaza los labios de dos personas que se quieren permite el acercamiento de dos cerebros, que a partir de ese momento accede a saber más sobre la otra persona, a través de un intercambio de humedad, temperatura, deseo, placer. Los primeros besos en la boca suelen ser motivantes, seductores, inolvidables.

La saliva es un ultrafiltrado de nuestro plasma sanguíneo por parte de las glándulas salivales, la saliva contiene agua, mucina, calcio, magnesio, sodio, anticuerpos, un pH de 7.3, las mujeres tienen progesterona y estrógenos, en los varones la saliva posee testosterona, hormona que incrementa el deseo erótico, la sensación de seguir besando y por supuesto el inicio de la excitación sexual. Durante un beso intenso, ambos liberan en su corteza cerebral oxitocina, como respuesta ante una caricia, ante la cercanía y la percepción íntima del olor de la persona.

Ningún beso se parece a otro, incluyendo el de la misma persona. Es la oxitocina la que nos hace sentirnos felices, la que nos quita culpas, hormona que nos hace decir la verdad y al mismo tiempo perdonar y generar apego, una persona que nos ha besado no puede volver a ser vista y valorada por nuestras neuronas de la misma forma. El cortisol disminuye de manera inmediata después de un beso. Esto se asocia además de un incremento en los niveles de beta-endorfina y se induce un relajamiento en la actividad muscular que se asocia con placer durante la fase inicial. Los niveles de serotonina pueden incrementarse dependiendo también de la intensidad de los besos. Al incrementarse los niveles de dopamina se motiva más el cerebro para continuar la conducta, todos los besos pasan al hipocampo, generando una memoria que asocia hechos, recuerdos y reforzadores. Un beso intenso puede ser lo suficientemente fuerte para que de manera recurrente algunas personas que nos besaron bien en nuestra biografía se queden por mucho tiempo en nuestra memoria.

Los besos son fundamentales para mantener una relación, si no se otorgan de manera frecuente los niveles de dopamina pueden disminuir. También esto es responsable de que no cumplas una necesidad del sistema nervioso central que te sensibiliza de manera más rápida la percepción. Sin embargo, si los niveles de oxitocina fueron muy intensos, puede ser que disminuyamos la necesidad de un beso, pero jamás se nos olvida la magia del primero.

Para el cerebro, un beso en los labios es un gran motivador emocional, asociado a intimidad y, por supuesto a un compromiso entre dos personas. El beso tiene una gran carga de erotismo, de lenguaje mutuo y entendimiento entre dos personas. El cerebro puede activar en menos de tres segundos 20 áreas cerebrales, unas relacionadas con motivación, otras con recuerdos, otras más con la actividad motora pero, sobre todo, un incremento en la actividad cardiovascular y respiratoria.

Cuando besamos con los ojos abiertos, el cerebro tiene un incremento en la actividad eléctrica del cerebro llamada ritmo beta. Pero, cuando se cierran los ojos, la actividad pasa al ritmo alfa, este simple hecho hace que se incremente la percepción de la sensibilidad y aumente el placer, generando con ello incremento en las percepciones físicas que el beso otorga. Cerrar los ojos al besar hace que claudique la voluntad. Nos enfrentamos al huracán neuroquímico, que en ese momento surge en nuestras neuronas gracias a la motivación asociada al toque de nuestros labios.

Con tan solo saber que estás cerca de un beso, los niveles de los neurotransmisores se incrementan en nuestro cerebro: noradrenalina, dopamina, glutamato y acetilcolina incrementan la función del sistema límbico (interpretación y emociones), inhibiéndose gradualmente en la activación de la corteza prefrontal. Por eso ante los besos más intensos, disminuye la lógica y la objetividad, por eso todo puede empezar por un beso el cual nos quita la inteligencia.

El beso en los labios es una categorización en las máximas emociones que tenemos en este planeta, es un refuerzo conductual, es un regalo, es una recompensa, pero también es una motivación. Paralelo a un beso las pupilas se dilatan, se incrementa la temperatura, aumenta la presión arterial, la respiración se hace más rápida y aumenta la frecuencia cardiaca. Otorgar un beso es lo más cercano a la felicidad, a la plenitud. Los besos de amor donde suelen tocarse las lenguas, son una cuestión evolutiva del ser humano que consiste en intercambiar saliva, esto está asociado al incremento de deseo sexual, favorecer la pasión y preservar el deseo.

LECCIÓN 31

Amor y enamoramiento para las Neurociencias

¿Química entre nosotros?

En el enamoramiento... la vida tiene sentido, todo puede ser divertido, se idealiza... no eres tú, es tu dopamina.

Los tiempos cortos en la latencia de respuesta en una conversación es una señal neurobiológica de que dos personas están en buena sintonía: entre más rápida la respuesta se siente mejor conexión, así inicia el enamoramiento, la liberación de dopamina es inmediata. Cuando nos reímos, observamos por más tiempo a las personas que más nos gustan. Nunca pueden fingirse: una buena conexión entre amigos, una sonrisa sincera, dos miradas de amor que coinciden.

El enamoramiento es una perturbación electromagnética generada por la neuroquímica que induce oxitocina, noradrenalina, endorfinas y dopamina en el sistema límbico con motivación en el enfoque social, así como una disminución de la actividad prefrontal que nos quita la inteligencia. El enamoramiento es una reacción química en el cerebro de

más de 14 moléculas y 29 áreas cerebrales, los neuroquímicos más importantes son:

Emociona la dopamina
obsesiona la serotonina
motiva la noradrenalina
perdona la oxitocina

Amar y querer no es igual, efectivamente:
AMAR=dopamina+oxitocina+endorfina+
anandamida+vasopresina.
QUERER= dopamina

La dopamina es la sustancia que inicia todo el evento, sin
ella no hay felicidad. Si la serotonina se incrementa, aparece el proceso insistente de repetir eventos. La noradrenalina motiva y favorece conductas. La oxitocina, la hormona
del amor, genera mayor plasticidad neuronal comparada
con otros neuroquímicos ya que incrementa las conexiones
neuronales a través de la aparición de proteínas sinápticas
de neuronas corticales.

En esta etapa, para el cerebro no es necesario insis-
tir en los defectos de la persona amada. Cuando estamos
enamorados la ilusión le gana a la lógica, el deseo supera a
la inteligencia. Nuestra motivación aumenta, el corazón nos
palpita con más fuerza y frecuencia, nos invade el nerviosismo y actuamos sin lógica. El enamoramiento es un proceso
fundamental para la vida que se encuentra iniciado como un
error neuronal transitorio, al cerebro no le interesa tanto la
búsqueda de la verdad, sino proporcionar los elementos para
sobrevivir, para que sus genes se queden más tiempo en este
mundo. El enamoramiento es como una adicción farmaco-

lógica: no se puede controlar, es cada vez más intenso hasta disminuir los frenos lógicos y sociales.

Enamorados, se incrementa la actividad eléctrica del hemisferio cerebral izquierdo; durante un beso o conversación romántica, el hemisferio izquierdo disminuye la función cerebral del lado derecho, la actividad de la dopamina logra disminuir la función neuronal prefrontal. Entre más abrazos y besos, más se activan electrofisiológicamente las neuronas de las áreas parietales, además disminuyen los niveles de factores inmunológicos de inflamación (proteína C reactiva e interleucinas 1, 6 y 12).

La pasión del enamoramiento crea sentimientos de regocijo y euforia, de felicidad insoportable y a veces indescriptible: el enamoramiento se encuentra anatómicamente en el cerebro y no el corazón, en la secuencia de activación en serie y en paralelo a la corteza prefrontal, hipotálamo, la ínsula, el tálamo, el giro del cíngulo, el hipocampo, ganglios basales, amígdala cerebral y el núcleo accumbens. Pero este proceso de enamoramiento por su naturaleza neuroquímica basado en la dopamina, como si fuera una droga, se desensibiliza con el tiempo, por lo que no podemos estar enamorados más de 4 años con la pasión con la que se inicia la relación. No podemos estar apasionados por mucho tiempo, la dopamina generaría muerte neuronal si grandes concentraciones se mantienen en el espacio sináptico. El cerebro enamorado transforma lo que vive, los cambios neuroquímicos modifican las señales de la pareja: exagera lo bueno y también lo malo.

En el enamoramiento, al cerebro le suceden varios eventos fisiológicos cognitivos y conductuales:

- Se reduce la percepción de dolor.
- Existe un deseo intenso de repetir conductas perdiendo los límites.

- Se genera adicción a la emoción.
- El enamoramiento es imprevisto, inexplicable, obsesivo.
- La lejanía lo hace obsesivo e irreflexivo.

Gradualmente, el tiempo va cambiando el proceso de enamoramiento en amor. En realidad, la neuroquímica cambia, la dopamina y endorfina disminuyen, con ello, la conducta pasional se reduce, la corteza prefrontal toma mejores decisiones, los límites se hacen importantes y se valoran más elementos relacionados con la vida en pareja. De las 29 áreas cerebrales de enamoramiento activas, gradualmente se evoluciona la activación de 12 a 16 áreas cerebrales, el cerebro se hace más eficiente en el amor. En éste, se pueden tener dudas, se cuestiona con detalle. La persona amada ya no es perfecta, si el amor existe se acepta a la pareja con sus defectos. El amor verdadero es el que respeta la decisión de la pareja, aunque no le guste. El amor es el que tolera la elección del otro, aunque no lo incluya. De esta manera, si una tontería fue lo que mató al amor, entonces no era amor en verdad. Después de enamorarnos lo difícil será amar sin caer en la rutina. Vivir la experiencia de pareja, sin achacar al otro las frustraciones propias, sin tiranizar, sin aburrirse.

Querer sin ahogar, amar sin invadir, perdonar sin poseer, extrañar sin depender.

La dopamina no es la misma del primer beso y las emotivas palabras de amor del inicio de la relación ahora tienen otra prosodia. El amor y el miedo comparten raíces neurofisiológicas comunes, ambos desempeñan un papel en las conductas relacionadas en la reproducción, la supervivencia, la seguridad y el bienestar.

Amas a quien amas no por el futuro, sino por el pasado que se desea vivir nuevamente. El cerebro ama a quien ama tratando de rescatarlo o de aferrarse a no perderlo. Es el recuerdo de dopamina y la nostalgia de la oxitocina. En el amor verdadero, se respeta la decisión de la pareja, como anoté, aunque no le guste a quien ama de verdad. Es este amor el que tolera la elección del otro, aunque no lo incluya. En un amor verdadero: la fuerza del perdón está basado en la intensidad de nuestro amor y confianza. Comúnmente en el amor, la conclusión neuronal es no estar enamorado de la persona que se ama, en realidad se está amando al recuerdo de la persona en la etapa más hermosa del enamoramiento. Cuando nos enamoramos procuramos cumplir ilusiones que creamos por influencia social. Deseamos amar ciertos arquetipos.

Amor no es perderse en otra persona, pero inicia con dopamina de subjetividad.

Amar no es la ofuscación de vivir todo, es serotonina de obsesión que se adapta.

Amor no es querer pensar igual siempre, es llegar a ser oxitocina de apego.

LECCIÓN 32

Gratitud en el cerebro

El cerebro humano está estructurado para ser feliz, no para ser perfecto. Agradecer en el cerebro activa áreas neuronales de recompensa, de cognición moral, de equidad, de la toma de decisiones y de la autorreferencia. La gratitud es un proceso que se aprende desde pequeño, pero se fortalece toda la vida. Decir gracias es producto de la activación de las neuronas de la corteza prefrontal dorso medial, asociado con gran actividad del hipotálamo y el giro del cíngulo anterior. Al expresar gracias como un acto de homenaje, humildad o reconocimiento, el cerebro proyecta esta palabra en el ambiente social, cognitivo, sin tiempo. Se queda en el recuerdo y cambia la interpretación de muchas de las cosas que suceden cotidianamente. Decir ¡gracias! incrementa la actividad del sistema de recompensa del cerebro que asocia un incremento de dopamina y endorfina; es una manera de sincronizar el cerebro de quien dice gracias con quien interpreta la gratitud. Gracias es una palabra poderosa desde la perspectiva neuroquímica y neuroanatómica, psicológica y social.

Para las neuronas que reciben las gracias, se genera la sensación positiva que ayuda a afrontar más los desafíos. Agradecer mejora la actitud ante situaciones difíciles y disminuye el dolor moral, lo aletarga.

Cambiar los sentimientos incrementa la creatividad humana. Cuando decimos gracias es más fácil modificar los sentimientos de las personas más reticentes. Al ver las situaciones emocionales desde una perspectiva diferente, se inducen cambios en la liberación de neurotransmisores, esto hace que el juicio de las cosas o hechos cambien en su evaluación. Por lo que la "re-evaluación emocional", consiste en ver una situación a través de otra lente emocional, una óptica distinta; por ejemplo, analizar un evento que te hace enojar como algo neutro o esperanzador, le otorga otras posibilidades de resolverlo. Nuestra sociedad ha olvidado gradualmente decir gracias.

Los recuerdos dirigen nuestra atención sin darnos cuenta. Pocas veces hemos identificado que el cerebro edita sus propios recuerdos, siempre cambia los contenidos, esta es una de las pocas asociaciones de las cuales se puede hablar con determinismos en el campo de las neurociencias. Cuando volvemos a pensar en los hechos, circunstancias y evolución temporal de los resultados de nuestras decisiones, editamos varias veces nuestros pensamientos, generando sesgos o recuerdos que no sucedieron tal y como dejamos nuestro último pensamiento, es decir, entre más pensamos en un hecho, más cambiamos su significado. Sin embargo, son pocos los recuerdos que son inamovibles para nuestra vida, para la biografía que escribimos cuando decimos o recibimos la palabra gracias.

Tenemos áreas cerebrales decisivas en el sentimiento de la gratitud. En el año 2015, un grupo de la Universidad de California notificó que una persona que recibe ayuda en situaciones extremas agradece más el acto de sentirse protegido. La corteza prefrontal medial incrementa mucho su actividad cuando recibe apoyo, protección y seguridad, cambiando sus decisiones morales de manera inmediata. Esto hace que el humano cambie su proceder, en un adecuado marco de salud mental; un humano agradecido cambia su perspectiva con el prójimo. Se ha comprobado que las áreas cerebrales se activan con la misma frecuencia e intensidad ante la gratitud y el altruismo. El apoyo incondicional activa la corteza prefrontal medial inferior y el precúneo de una manera recíproca, como cuando se medita o se realiza terapia cognitivo conductual. Queda de manifiesto que la gratitud contribuye a la sensación de recompensa, con el compromiso de beneficiar a los demás. Esto puede tener un lado B en las personas que ayudan de manera voluntaria y de manera sostenida; algunas suelen generar placer en su cerebro cuando ayudan a los desprotegidos, aspirando a través de las gracias de diferentes personas a sentir la importancia de su proceder, enalteciendo su ego; esto puede llevar a un trastorno de la personalidad si no es adecuadamente manejado.

LECCIÓN 33

Cerebro social y sus sesgos

Aprecia la verdad sin reclamarla, hacer el reclamo concibe ya un sesgo.

Si alguien quiere tener razón, cuando se siente atacado, tergiversará los hechos de manare rápida.

Por lo general, las necesidades del momento pueden empañar la capacidad de juicio y el contenido de nuestros pensamientos. La confusión emocional (estrés, miedo o vergüenza) nunca beneficia al pensamiento lógico, genera sesgos.

El grupo, sociedad, club, vecinos, familia o amigos al que pertenecemos puede modificar de manera inmediata nuestra forma de pensar, opinión y conductas, no obstante que nuestros principios, conocimientos o experiencias ordenen lo contrario. Las redes sociales se han encargado aún más de enfatizar este proceso psicológico-social. Muchos fenómenos sociales, ya sea que los veamos a través de pantallas o presencialmente, provocan que actuemos, tomemos decisiones influidas en ese momento por el orden social, así, el colectivo influye en el conocimiento personal. Un claro ejemplo de cómo lo psicológico y social tienen una retroalimentación y determinismo reciproco con lo biológico.

Las personas autoritarias tienen ventajas sociales: el ser humano suele obedecer a las autoridades, evitando discusiones, suele ser sometido ante una imagen autoritaria. Las personas más obedientes son los que presentan grandes responsabilidades o aquellos que son muy escrupulosos. Se obedece más cuando uno se encuentra solo o aislado.

La opinión colectiva llega a ser más importante que la personal, los demás influyen; en discusiones sociales, cuando varias personas opinan en contra de nosotros con el fin de tener una aceptación o una opinión positiva, puede cambiar la forma de pensar. Esto conlleva a momentos de dudas y conflictos personales. La crisis personal inicia cuando se pueden romper los principios personales por aceptar los requerimientos sociales.

Paradójicamente, cuando pensamos que nadie nos puede hacer algo en medio de la gente, el cerebro humano se siente con menos responsabilidad social. El efecto espectador consiste en solo presenciar a otras personas, les atribuimos más importancia social, a veces sin conocerlos, no defendemos al violentado o no intervenimos de manera inmediata. Esto rechaza la responsabilidad de acudir en ayuda o prestar atención.

No todos trabajan igual en un equipo. Es un hecho que, en la convivencia en un equipo de trabajo, en un grupo de más de cuatro personas, uno de ellos no trabaja igual que los demás. La inactividad en grupo suele tolerarse por el bien de todos, incluyendo al holgazán. La pereza puede tolerarse cuando el grupo tiene muchos integrantes.

Cuando más personas hay en un grupo, solemos conformarnos y cambiar nuestras opiniones. Nuestros objetivos se parecen más porque decidimos no entrar en controversia con la mayoría aun sabiendo que existe un juicio erróneo.

Solemos imitar el lenguaje corporal, los gestos, palabras de las personas con las que más nos sentimos identificados. Este es el principal y el primer componente que nos lleva a aceptar a un nuevo miembro en un grupo, la imitación incrementa la simpatía y la aceptación mutua. La oxitocina social es el mejor adherente de copiado social y el que nos hace sentir aceptados al copiar lenguaje o palabras.

LECCIÓN 34

La inteligencia, lo que hay que saber.

La inteligencia es la capacidad neuronal de aprender de la experiencia, de adaptarse, dar forma a resultados y seleccionar entornos para hacernos eficientes. La inteligencia medida mediante pruebas estandarizadas convencionales varía a lo largo de nuestra vida y también a lo largo de las generaciones. El cerebro humano es un órgano biológico, es suave, flexible y adaptable, pero por otro lado es relativamente estable en su información y coherente, el humano es un ente social con retroalimentación psicológica en sus aprendizajes. La inteligencia y las reacciones rápidas requieren un sistema de señalización electromagnética, respaldado por un sistema bioquímico, modificado por códigos sociales que influyen en la psicología de cada persona.

La inteligencia puede entenderse, en parte, en términos de la biología del cerebro, especialmente en lo que respecta al funcionamiento y madurez de la corteza prefrontal, es posible correlacionar inteligencia de manera proporcional al tamaño del cerebro, pero no es totalmente correcto indicar que a más cerebro mayor inteligencia, esto depende del número de neuronas y su diversidad de conexión.

Diversas investigaciones muestran resultados concluyentes: la inteligencia tiene una relación con el coeficiente de heredabilidad (relación entre variación genética y fenotípica), entre 0.4 y 0.8 y esto depende de los efectos de los genes y el medio ambiente; la heredabilidad de la inteligencia varía en función del nivel socioeconómico y otros factores como la alimentación, estimulación y factores relacionados con la oxigenación, esto puede medirse a través de resonancia magnética para identificar las asociaciones de materia gris y blanca del cerebro.

¿Qué datos, signos o factores pueden indicarnos si un cerebro es inteligente?

- El cerebro inteligente se adapta más rápido a la adversidad.
- Las personas inteligentes son honestas consigo mismas.
- Más inteligencia se asocia a creatividad y las personas inteligentes suelen ser más dispersas o distraídas.
- El inteligente suele buscar el perfeccionismo como meta.
- La inteligencia detecta fácilmente problemas y propone soluciones.
- Los inteligentes se presionan más y suelen sufrir más por sus errores.
- Un inteligente suele sentirse insatisfecho con pobres resultados.
- Una persona inteligente no suele ser confiada.
- La inteligencia asocia autocontrol (menos impulsividad).

- Cuando una persona inteligente tiene indecisión, es por un sobreanálisis de la información que posee.
- Las personas inteligentes disfrutan más de su soledad.
- Un cerebro con inteligencia ve detalles que pocos suelen encontrar.
- La inteligencia otorga lógica con mucha creatividad.
- Los puntos de vista inteligentes suelen ser atrevidos.

LECCIÓN 35

Idealizar, admirar y envidiar

¿Por qué idealizamos a las personas? Cuando el cerebro tiene una impresión positiva que nos causa alguien, inmediatamente se asocia a considerarla atractiva: atribuimos más características positivas de las que realmente tiene. Filtramos sus errores, supeditamos los atractivos. Admiramos más lo que es difícil de ejecutar, complicado en lograr. Admiramos el talento, la belleza y la inteligencia, lo que nos hace contrastar y al mismo tiempo consideramos difícil de alcanzar. Semejante a un enamoramiento, la admiración disminuye con el tiempo.

De acuerdo con nuestras escalas sociales es digno de admirarse la honestidad, la generosidad, el liderazgo, la autoridad y la determinación. Sin embargo, si alrededor de la persona existe la ética y los valores semejantes, la persona a quien se admira, incrementa su valía. Nuestras neuronas necesitan retroalimentación de la admiración, al menos un grupo social que comparta la admiración justifica el gusto y la felicidad por admirar a alguien.

Idealizamos con dopamina y endorfina, activando el sistema de recompensa del mesolímbico, motivando a la amígdala cerebral a realizar conductas inmediatas y reforzantes; conocer a nuestros ídolos de cerca y convivir con ellos, gradualmente, a largo plazo disminuyen nuestra admiración.

El cerebro inicia la admiración cuando el desarrollo emocional se incrementa y la corteza prefrontal no está totalmente desarrollada, es decir, admiramos más cuando somos jóvenes o niños. Gradualmente el proceso se desensibiliza, maduramos, conectamos con nuestra corteza prefrontal, cambiamos valores o descubrimos otras opciones.

No hay mejor medicina para el estrés que una dosis diaria de oxitocina: apego, amor, pertenencia para una disminución del miedo y ayudar a relajar mentalmente. Esta secuencia la tiene la persona que admiramos: cercano a lo irreal, pero que influye en lo que deseamos. Cuando sentimos ayuda o alivio por una palabra se desarrolla admiración.

Nuestra admiración tiene factores sociales y de aprendizaje que se heredan. A lo largo de la vida es normal que el cerebro adquiera nuevas figuras de acuerdo a nuestros aprendizajes, conceptos, experiencias.

Es necesario poner atención para saber a quién y qué admiramos, ya que por ello se pueden desarrollar modelos de influencia negativos que no necesariamente representan nuestro aprendizaje. 50% de las personas se decepcionan de su artista, político o figura pública favorita, así como los admiran son fácilmente detonantes de enojo y desilusión. Atrás de una dependencia emocional hay una persona que admira de manera patológica, la idealización excesiva depende de una liberación de dopamina con poca corteza prefrontal, pero asociada a una felicidad y éxtasis que no permite ver imperfecciones.

Una admiración en un marco de buena salud mental debe ser equilibrada, basada en méritos adecuados y que necesariamente cambia con el tiempo. Cuando caemos en la obsesión, rebeldía, incluso en el desorden, es cuando la admiración manipula, filtra inadecuadamente los limites sociales, es rígida y se enfoca en un líder.

La envidia es aún más compleja, por el dolor que causa lo deseado, por no poseerlo, y la satisfacción de quitarlo o cuando quien lo ostenta lo pierde. Los envidiosos sufren más, se esconden en falsas palabras y actos traidores. Lo paradójico es que se envidia a quien se admira, de ahí que algunas regiones cerebrales se activan en ambos procesos. Ambos, admiración y envidia se inician a aprender en nuestro cerebro entre los 7 y 14 años de edad, pero van a fortalecerse y desarrollarse incluso toda la vida.

LECCIÓN 36

Los pasivo-agresivos

¿Persona pasivo-agresiva?

Psicológicamente una persona que culpa a otros de lo que le sucede, que jamás es responsable de lo que ocurre, se victimiza constantemente, siente maltrato, abandono, es egocéntrico: tiene en común que cuentan con un cerebro con disminución de serotonina. El proceso pasivo-agresivo es una forma encubierta de agresividad, sirve para manipular a otras personas sin que los otros individuos lo perciben; sin utilizar una confrontación y sin ser agresores francos, ocultan constantemente el verdadero motivo de su opinión y exponen intenciones que en realidad no tienen, se asisten de la mentira y se benefician de ella.

Estas personas suelen criticar la vida de otros, eso les otorga placer momentáneo. Por períodos su vida es aburrida, frustrada, gris. Su envidia genera desesperanza de quien recibe sus palabras. Generan culpa y vergüenza en los demás, en especial en su entorno más cercano. Su cortisol elevado se asocia a la inmadurez psicológica que depende de su poca corteza prefrontal madura y reticencia a conectarla para su función. Evitan la confrontación y procuran protegerse.

Una de las características de las personas pasivo agresivas es que rehúsan cooperar en lo laboral, en la casa o escuela y no expresan responsabilidad para hacerlo, no sienten la necesidad de apoyar, no lo hacen de manera obvia. Aunque pueden disculparse por el hecho de no involucrarse en un proyecto o tarea, la mayoría de los pasivos agresivos inventan excusas sin dar evidencias, hacen todo lo posible para evitarse represalias, simulan robos, pérdidas o enfermedades para con ello generar lástima.

Su mundo conductual también les afecta a ellos, ya que no disfrutan de sus logros, aunque suelen ser competentes, no empatan con los demás. No suelen ser muy inteligentes, pero se esconden en actividades a veces importantes. Crean un equilibrio entre lo que pueden y lo que evitan. Suelen establecer relaciones amor-odio. Este trastorno está asociado a sentimientos de impotencia y pérdida del control ante crisis personales; atrás de una persona pasivo-agresiva se encuentra la ineficiencia, la procrastinación, la pérdida crónica del tiempo en redes sociales y busca incesante de un culpable de sus fracasos.

Las personas pasivo-agresivas tienen continuamente una actitud a la defensiva, evitativa y en ocasiones de soberbia. Este proceso no solo es biológico, tiene mucho de aprendizaje, empezó en la infancia o en la juventud y aparecen continuamente en sus actividades escolares y personales. Es muy común que la conducta la haya copiado del padre o la madre que, paradójicamente, por ser pasivo agresivo los protege de otro pasivo-agresivo.

El estrés es el elemento más común que explota las crisis de los pasivo-agresivos. A partir del detonante del estrés, inicia la crítica, la generación de gestos faciales de desaprobación, aparición de sarcasmo o dejar de hablar con los demás (ley del hielo), esto gradualmente los agota emocionalmente. Estas conductas se asocian a pérdidas económicas en el trabajo, o al fracaso de tareas escolares, en las cuales no se cumplen los objetivos debido a las pausas excesivas y constantes quejas.

Nadie es malo en su propia película, mucho menos cuando agrede a la persona que más quiere. Cuando el violento agrede, moralmente se siente motivado a regular una relación, así lo aprendió, así lo justifica, necesita ayuda.

Es necesario entender que, si nos enfrentamos a un pasivo-agresivo, es vital darnos la siguiente explicación: si alguien quiere tener razón, cuando se siente atacado, tergiversará los hechos de manera rápida, aprecia la verdad sin reclamarla, por lo general, las necesidades del momento pueden empañar la capacidad de juicio y el contenido de nuestros pensamientos, la confusión emocional (estrés, miedo, o vergüenza) nunca beneficia al pensamiento. Nunca habrá de responder con la misma emoción si lo que se quiere es encontrar una respuesta inteligente.

LECCIÓN 37

El maravilloso cerebro humano

Creemos conocer siempre los motivos de nuestras acciones. En realidad, el cerebro inventa justificaciones acordes para explicar conductas.

50% del ADN tiene información genética sobre formación y actividad de nuestro cerebro, aunque éste solo tenga el 2% del peso corporal, consume 20% del oxígeno y necesita de 1 litro de sangre por minuto para funcionar. El otro 50% de los genes tiene información del 98% del cuerpo.

El cerebro humano tiene una evolución de 2.5 millones de años. Es 60% grasa, pero es muy sensible a la deshidratación. El cerebro femenino tiene una organización y mejor conexión que el masculino, pero la menopausia afecta al cerebro fuertemente.

El cerebro tiene varios periodos de remodelación, nunca termina de conectarse. Siempre está activo. Tiene en promedio 86 mil millones de neuronas. Cuando se es adulto pueden conectarse entre ellas para formar hasta un cuatrillón de sinapsis. Después de los 40 años, pierde muchas neuronas al día.

De las 16 horas promedio que estamos despiertos, el cerebro humano es capaz de generar 48 pensamientos por minuto y llegar a solventar 2160 decisiones en un día de actividades. Genera 26 billones de impulso por segundo; por lo que analiza entre 10 a 10.5 millones de datos por segundo. Su temperatura normal es de 38.5°C aunque puede llegar a 40 °C sin generar cambios irreversibles.

En el vientre materno, una neurona puede dividirse a una velocidad de 250 mil neuronas por minuto y realizar 30 mil sinapsis por segundo.

Si nuestro cerebro fuera una cámara de vídeo, podría almacenar 3 millones de horas de película, que equivale a unos 300 años viendo la televisión sin parar (almacenaje promedio 2.5 petabits).

El cerebro humano al observar procesa más de 10 millones de bits por segundo.

Al tocar con la mano: encausa 1 millón de bits/segundo
Al oler un aroma: procesa 100 mil bits/ segundo,
Al saborear la comida: activa 100 bits/segundo.

La emoción del dolor se realiza en 280 milisegundos en la corteza cingular después ingresa a la corteza frontal para hacerse consciente

Sin conciencia no hay dolor: la anestesia general desaparece la actividad inductora del dolor en el cerebro. El dolor se desensibiliza lentamente, en contraste un beso puede ser menos intenso a partir del tercer beso que damos.

El cerebro humano puede hacer 38 mil billones de operaciones por segundo.

El hipocampo es el único sitio del cerebro en donde sí puede realizarse división neuronal.

Procesa imágenes a una velocidad de 13 milisegundos.

Dormir menos de 6 horas lo envejece más rápido.

Reír y meditar generan una evocación más rápida de inducción al ritmo theta, relacionado con cambios electrofisiológicos para mejorar atención, memoria y mielinización.

El cerebro es un órgano privilegiado en el que viven nuestro recuerdos, emociones y expectativas; nuestros sueños y aprendizajes, capacidades cognitivas y aprendizajes, es un órgano maravillosamente adaptable, casi perfecto, y, aun así, … se equivoca.

LECCIÓN 38

Sí es posible hacerse adicto al celular

En el periodo de los 18 a 25 años el cerebro humano tiene una gran capacidad de comunicación neuronal y es la etapa de mayor liberación de dopamina que tiene en toda su vida. La capacidad del cerebro a esta edad en relación con poner atención y aprendizaje son las máximas que también desarrolla en la vida, de tal manera que este lado positivo, también lo predispone a las adicciones, las cuales tienen por comorbilidad la soledad y no tener restricción, carecer de comunicación y no aprender límites.

La gran mayoría de los seres humanos a esta edad tienen impulsividad, estados de ánimo contradictorios que pueden ser desde estar muy animados hasta estar inmensamente tristes en cuestión de minutos. Esta es la época en la que el ser humano busca una imagen de admiración social asociada con una tendencia a exagerar sus emociones. También es la edad en donde se puede generar la timidez y desarrollar su autoestima, en donde se puede aceptar la imagen o rechazarla. Es en esta edad en donde se buscan retroalimentaciones de manera inmediata, pero también se puede sentir insatisfecho con su vida o no tener un efecto consistente para que se estimule. Al mismo tiempo, se puede desarrollar la experiencia de vida en un mundo imaginario. Es esta etapa donde aparece el teléfono celular propio con conexión a todas las redes sociales y sus contenidos.

El teléfono móvil, ese aparato de tamaño entre 15 a 20 centímetros y su peso no mayor de 200 gramos, representa la ventana al mundo y al mismo tiempo a la adicción. Una repetición excesiva en su manipulación hace que el cerebro obtenga de manera inmediata respuestas, llamadas e interacciones. Consigue que el cerebro tengo una visibilidad sobre la emoción rápida que ofrece entonces la posibilidad de ser feliz por tiempos cortos. El teléfono celular representa un medio de comunicación y diversión, un mecanismo para retener información y al mismo tiempo lograr de manera inmediata comunicaciones. Es un aparato que contribuye a la separación social, a estudiar menos, a leer con menos frecuencia a distraerse con más contenidos poco habituales y además evitar el intercambio social.

El móvil o teléfono celular se utiliza para videojuegos, escuchar música, ver videos, para la comunicación con otra persona, pero incrementa el sedentarismo, fomenta la obesidad y el aislamiento. El abuso de su utilidad sin criterios de tolerancia crea una dependencia que genera síndrome de abstinencia, ya que hay una necesidad creciente de utilizarlo y de sentirse satisfecho. Además, si no se logra tener el objetivo de su búsqueda lúdica, el comportamiento repercute en vidas rutinarias que pueden ser negativas y la sensación de vacío.

Las redes sociales logran generar mayor impulsividad. Los jóvenes con sus móviles suelen escaparse de la vida real y tener amigos que nunca han visto, desarrollan una necesidad de los contenidos del internet: Facebook, X, Instagram o WhatsApp o todos en conjunto están en función de asilarlos y alejarlos de la relación interpersonal con sus amigos, familiares, pero en espacial con sus padres. En jóvenes que tienen comúnmente trastornos de la conducta, suelen mentir sobre sus fracasos escolares, no cumplen con sus responsabilidades, esto a lo largo, hace que se aíslen más, empiezan a tener gastos que a su edad no deberían tener, a fumar o a beber lo que no deberían hacer y es un reto social de hacerlo, aunque no sea totalmente el origen de lo que buscaba.

¿Qué es lo que sucede en un cerebro con estas condiciones? el incremento de dopamina, noradrenalina y endorfinas son motivadores y adictivos. El individuo descuida otras actividades importantes en su vida como el contacto social y la comunicación con las personas. El hecho de pasar muchas horas manipulando el aparato electrónico, le predispone a una irritación al cuestionarlo o criticarlo. Intenta constantemente conectarse y cuando no tiene éxito puede llegar a tener frustración, ambivalencia y tristeza, la pérdida de la noción del tiempo y de las reglas sociales. Estos personajes suelen mentir con muchísima facilidad al mismo tiempo que se aíslan. Comúnmente suelen tener cierto tipo de sensaciones de predisposición a consultar el celular sin que haya sonado, lo cual también se asocia con cambios en la privación del sueño y un mal descanso.

El teléfono celular no debe sustituir a nadie, ni a nada. Es una herramienta, es un apoyo y no generador de necesidad. Debe entenderse entonces que debe existir un equilibrio entre el tiempo con con el que se interactúa personalmente y con el que se utiliza para diversión, además se debe de entender que es un aparato electrónico que es posible desactivarlo o apagarlo en el momento en que se vaya a dormir o en el que se necesite tiempo para comer.

Es fundamental entender que el inteligente es quien lo usa: no que el teléfono nos usa.

Es recomendable jerarquizar la comunicación interpersonal cara cara a voz concreta en lugar de comunicarse con mensajes escritos. El adicto al móvil debe hacer ejercicio. Debe leer libros; también premiar el hecho de controlar los tiempos. Es muy importante entender que un estudiante debe aprender sobre la interacción con sus maestros y compañeros y no justificar la utilidad de un teléfono celular como fundamental para apoyar el conocimiento. Hoy es importante jerarquizar información. El tiempo utilizado por día para hacer una actividad lúdica es de una hora y media, una hora arriba de este tiempo, empieza a generar problemas de falta de interés, atención y asilamiento. Finalmente se debe disfrutar el contenido, no angustiarse por la necesidad de verlo, porque esto marca claramente la perdida de la sensación de calma y aparece la condición de ansiedad o de estrés. El teléfono y las redes sociales no deben amenazar o someter más allá de lo que cada persona se permite personalmente con alguien. El celular no debe de estar relacionado con la pérdida de la sensación de la privacidad.

LECCIÓN 39

La creatividad está relacionada con la excentricidad

Una persona excéntrica es alguien fuera de lo común, de lo establecido, de lo aceptado. Los comportamientos y pensamientos extravagantes están asociados con una creatividad muy grande que va de la mano de la genética y que activa cerebros semejantes con una neuroquímica que nos hace ser únicos en este mundo.

La extravagancia o la personalidad esquizotípica también es conocida como una persona creativa, cuyo comportamiento, creencias, por momentos choca con lo establecido socialmente ante sus propuestas inapropiadas y maneras tan poco habituales de pensar.

Los esquizotípicos son singulares, tienen la característica de desarrollar mecanismos cognitivos muy altos, pero con conflictos ante los frenos sociales, suelen adelantarse a su tiempo o edad. Esto implica entonces que generan una atención cognitiva con un alto porcentaje de creatividad y originalidad, inteligencia y genialidad. No siguen los filtros sociales.

Análisis de sus cerebros han identificados en personas creativas una mayor actividad del sistema límbico con cambios en la funcionalidad del hipocampo y su relación con la amígdala cerebral. A nivel de los receptores de dopamina, se ha identificado que la densidad de los receptores de dopamina tipo 2, en regiones como el hipocampo, son menores respecto a los normo típicos. Este proceso semejante a la esquizofrenia indica claramente que la dopamina incrementa la funcionalidad creativa. El filtro social y cognitivo que establece la corteza prefrontal indica una mayor cantidad de información asociada con grandes concentraciones de dopamina: seres felices, arrebatados, sin límites, groseros, creativos. Los esquizotípico rompen la manera habitual de convivencia. Son personas de alta competitividad desinhibición cognitiva, son capaces de plantear cosas nuevas.

Las ideas originales están atrás de los pensamientos creativos, estos pensamientos están relacionados con distracciones abundantes, buen humor y buen dormir. Las ideas creativas no se dan por democracia cada vez que alguien opine algo distinto, existe un cerebro excéntrico.

Las ideas creativas son más cuando se desconecta de la realidad o de entornos sociales rígidos. Cuando una persona se encuentra ante un problema serio, si se quita las barreras sociales suele tomar decisiones por arriba de los límites, suele correr más riesgos.

La creatividad cambia puntos de vista y facilita aprender más cosas, y dejar fluir. Incrementa el pensamiento asertivo, cambia la perspectiva.

LECCIÓN 40

El cerebro evalúa sus pensamientos: metacognición

Tenemos la capacidad de evaluar y regular nuestros pensamientos. A esto le llamamos metacognición. Constantemente valoramos una decisión importante que hemos tomado, ¿es acertada?, ¿tendrá resultados adecuado? o ¿me arrepentiré de ello? Los errores de cada uno de nuestros conceptos o decisiones son evaluados de manera constante por nuestra corteza prefrontal. Sin embargo, esto puede cambiar cuando estamos deprimidos o cuando aparece la demencia o la ansiedad, cambiamos esta evaluación o la sustituimos. Muchos factores están relacionados para favorecer mejores procesos metacognitivos, por ejemplo, comer adecuadamente, descansar, hacer pausas, reflexionar, meditar, la estimulación magnética transcraneal, el hecho de romper una rutina o sentirnos aceptados por un grupo social. Los seres humanos somos los únicos que sabemos de la trascendencia de nuestra vida, la finitud de la misma y que tenemos la capacidad de reflexión sobre los pensamientos de la historia y las proyecciones que hacemos constantemente.

Sabemos en dónde están las deficiencias de nuestros conocimientos, en dónde se encuentran nuestras principales habilidades, conocemos nuestros talentos; saber estos elementos nos hace más fuertes ya que identificamos dónde podemos cambiar, realizar un estudio para aprender sobre algo o reflexionar mejor. La metacognición o la evaluación de nuestros pensamientos nos hace entender cuando estamos preparados para algunas cosas, y cuando definitivamente es un evento de serendipia cuando tenemos éxito. Podemos identificar cuando nuestro ámbito laboral no es el adecuado, cuando la experiencia no fue suficiente o entender cuando tenemos que seguir preparándonos más.

La mente cognitiva que se autoevalúa está atrás del éxito académico. A lo largo de la madurez, el cerebro activo se va haciendo cada vez más eficiente, pero también más fuerte y selectivo. Nuestros juicios pueden cambiar a lo largo de la vida y siempre atrás de las mejores decisiones tuvieron que pasar por una adecuada autoevaluación. Nuestra metacognición va cambiando a lo largo de la vida, a veces es más fuerte y severa y en ocasiones suele aceptar mejor los errores, pero siempre aprende.

La interacción entre hipocampo y la corteza frontal es fundamental para los procesos de metacognición. En especial, el lóbulo frontal derecho es el que más se utiliza para hacer los procesos metacognitivos. Las personas que desarrollan más metacognición, tienen un incremento en la sustancia gris de esta corteza, y esto habla de una mayor intercomunicación neuronal.

Si hay demencia, empezamos a tener cambios en la activación prefrontal y la interacción del hipocampo. La metacognición se está perdiendo, por lo tanto, aparece la anosognosia, la cual indica que una persona ignora o es inconsciente del problema que tiene, es decir, no se da cuenta de que las cosas están empeorando.

Esto es lo que explica que una persona se niega a aceptar ayuda, olvide cosas importantes en su vida, surjan alteraciones como isquemias, infartos cerebrales o una incipiente esquizofrenia, esto indica que los procesos metacognitivos no son los adecuados. La familia sufre por la atención de la persona con anosognosia ya que el único que no se da cuenta que las cosas están cambiando es el enfermo.

La clozapina, el metilfenidato, incrementan farmacológicamente el proceso de la metacognición. El mindfulness y la estimulación magnética transcraneal también ayudan a este proceso de autoevaluación; la meditación genera un incremento en los procesos de mielinización prefrontal inducidos por el ritmo theta que activa a los astrocitos, y respecto a la estimulación magnética en la frecuencia de la liberación de dopamina y noradrenalina, se favorecen las condiciones metabólicas y neuroquímicas para el proceso. Pero para incrementar la metacognición de manera inmediata una estrategia muy simple puede realizarse: dejar de hacer lo que nos está cansando, romper la rutina y descansar, es decir, el cansancio disminuye la evaluación adecuada de lo que hacemos.

LECCIÓN 41

Enseñar a nuestras neuronas a cerrar ciclos

No, no pude amarte más, pero al recuerdo, reconozco que pude haberte amado mejor. Sea mi hipocampo y la nostalgia la que hoy otorga un beso a tu memoria. ¿Por qué es tan difícil romper una relación romántica duradera? perder a alguien amado es como sufrir de síndrome de abstinencia: disminuye la dopamina, oxitocina, vasopresina y la endorfina en forma abrupta.

Cerrar un ciclo es entender lo irremediable e irreversible del acto de perder a la pareja, la salud, un negocio, un familiar, una parte de la vida. Se acompaña de dolor, interpretaciones y aprendizajes. Esto capacita al cerebro para entender y contrastar lo que se tiene y la magnitud de lo que se pierde. La actividad neuronal es increíblemente más rápida para juzgar a los demás, antes de juzgarse a uno mismo. Ante el evidente fin de un ciclo desarrollamos estrategias que aumentan la autoestima y proporcionan a nuestra vida un sentido individual. Las personas que no reprimen los pensamientos sobre la muerte o las perdidas dolorosas dicen más fácilmente adiós.

Todos entendemos el significado biológico de romper una relación o un ciclo: desesperación, enojo y miedo, en paralelo desde el punto de vista biológico (de protección de la especie), romper tiene más sentido, buscar sin dilación un sustituto que no necesariamente se encuentra o existe.

Perder de manera intempestiva y caótica pone en jaque al cerebro. Romper sin meditarlo, analizarlo genera más dolor, el desapego puede durar mucho más tiempo.

¿Qué podemos hacer?:

- Entender por qué y con mayor énfasis ¿para qué? El cerebro quiere una explicación, un razonamiento. Debemos analizar ante esta situación qué se puede sacar de aprendizaje. Lo inevitable puede generar nuevos proyectos.
- Idealizar el pasado tiene un costo muy alto para adaptarse a lo nuevo; es importante no idealizar. La frustración debe cortarse, el enojo adaptarlo. Es necesario editar el recuerdo y el dolor tantas veces sea necesario. Aquí se encuentran los anclajes al dolor, los vacíos llenos de oxitocina, serotonina y vasopresina.
- Dar tiempo sin regresar, sin aferrarse. Los cambios neuroquímicos van a tardar, pero son eficientes si se manejan con madurez. Comprender, escuchar, cambiar.
- Reflexionar, no cometer los mismos errores.
- Evitar la crítica constante y autodestructiva.

- No generar elementos para mantenerse a la defensiva, el perdón funciona; perdonar al agresor por su conducta y a nosotros por permitirlo.
- No demostrar desprecio: eso vincula aún más con el acto que se busca cerrar.
- No negarse a la comunicación: hablar, aceptar y aprender es necesario.

La oxitocina genera vínculos sociales, es lo que nos hace amar, tener apegos. Pero, entre más oxitocina, la sensación de romper esos lazos, hacen un cerebro violento, capaz de violentar la amenaza. Solemos herir más a quienes más nos aman. Es muy importante trabajar el aprendizaje y los procesos psicológicos en terapia.

Después de la ruptura, el trabajo profesional, los cambios neuronales y modificaciones neuroquímicas hacen que el cerebro se dé cuenta de:

Era innecesario tanto enojo, dolor y confusión.

No debió haber prisa en la decisión.

No se repite lo que no funciona.

No se aferra a quien no me quiere.

Las neuronas aprendieron, al aprender hizo más sinapsis, generó más contactos con otras neuronas y favoreció la madurez.

Ironías y contradicciones neuronales: se busca al sentirse triste recordar momentos felices; solo es nuestro cerebro humano, lleno de contradicciones y hermosas imperfecciones.

En un adecuado estado de salud mental, nadie puede amar más de lo que el otro se lo permite; romper, descifrar y cerrar con el tiempo es un aprendizaje que necesitamos todos.

LECCIÓN 42

El eje cerebro-intestino microbioma es importante en el peso corporal

La microbiota intestinal y la dieta desempeñan un papel importante en el desarrollo y los síntomas de diferentes trastornos (TDAH, Autismo, Parkinson y Alzheimer).

Si bien la etiología de muchos trastornos es multifactorial, hoy toma gran relevancia el papel de las bacterias que se encuentran en el intestino. La microbiota se refiere específicamente a las bacterias que comprenden la flora intestinal del intestino grueso, la cual tiene 150 veces más genes que el genoma humano. Ésta tiene beneficios importantes en la salud del huésped desde la actividad inmunológica, como la producción de nutrientes esenciales para el organismo y en especial para el cerebro. Además, es una protección en contra de agentes patógenos. El intestino tiene prácticamente 10^{14} bacterias anaerobias que viven y colonizan el colon desde el nacimiento, por lo que, el nacimiento por vía cesárea, desfavorece la funcionalidad del intestino y su relación con el cerebro. Un adecuado funcionamiento del microbioma intestinal depende del uso de antibióticos, la dieta, el estrés y la presencia de otros microorganismos que al desplazar a las bacterias modifican su densidad y generan una disbiosis.

El microbioma intestinal es esencial para subir de peso, pero también para bajarlo o reducirlo. En la medida que se sube de peso cambian muchos parámetros intestinales que inician desde el componente de las baterías del intestino. El cambio en la ingesta calórica depende del hipotálamo, la tiroides y la actividad física, para los componentes de la microbiota es fundamental la elaboración de energía, vitaminas, actividad inmunológica y precursores de neurotransmisores.

Cuando se lleva a cabo una dieta con restricción calórica cuyo único objetivo es bajar de peso, la persona recibe los beneficios de sentirse mejor y en paralelo genera cambios en las bacterias intestinales por la dieta más adecuada, y cambios en las regiones cerebrales del apetito y la adicción, el eje cerebro-intestino-microbioma están estrechamente acoplados. Lo que sucede en el intestino afecta inmediatamente en el cerebro e influye directamente en la fisiología de ambos órganos.

A través de estudios con metagenómica, en las muestras de heces fecales de individuos (promedio 27 años), que bajan de peso en un mes de restricción calórica fuerte y otro de dieta con menor control calórico, asociado con mediciones sanguíneas e imágenes por resonancia magnética funcional para estudiar los cambios en la composición del microbioma intestinal, parámetros fisiológicos y la presencia en la sangre de metabolitos, se identificó que después de bajar 7 kilos los niveles de glucosa en ayunas fueron más bajos y estables, disminuyeron los niveles de colesterol (HDL y LDL), los valores de presión arterial se redujeron significativamente, el hígado mejoró considerablemente su morfología y se redujeron los niveles de enzimas de escape.

La actividad eléctrica y activación de las regiones cerebrales implicadas en la regulación del apetito y la adicción disminuyen, considerando con esto una mejoría en la cantidad de comida y en la necesidad del placer al comer que se tiene; el microbioma intestinal, la abundancia de las bacterias Parabacteroides distasonis, Faecalibacterium prausnitzii, Bacteroides uniformis aumentó considerablemente, las cuales son bacterias relacionadas con una adecuada motilidad intestinal y producción de metabolitos de gran importancia para la formación de ácidos grasos de cadena corta, en contraste los niveles de Escherichia coli disminuyen significativamente en la medida que se pierde peso por la restricción calórica.

Los cambios en el cerebro y el microbioma durante y después de la pérdida de peso están relacionados. Las personas que usan laxantes habitualmente pueden tener 50% más de riesgo de desarrollar demencia en relación con las personas que no los usan. Tomar más de 2 tipos de laxantes incrementa la probabilidad a 90%

El uso crónico de laxantes puede cambiar el microbioma del intestino, afectando la señalización nerviosa del intestino al cerebro, además de un incremento en la producción de toxinas intestinales que pueden afectar al cerebro.

LECCIÓN 43

La musicoterapia

La música contribuye al desarrollo cerebral del bebé prematuro.

La música de flauta o arpa por 8 minutos, 5 días, por 7 semanas induce armoniosamente la formación de redes neuronales implicadas en procesos de memoria, cognición, percepción, control emocional.

El heavy metal induce mayores cambios en la actividad cerebral frente a la música clásica o la dodecafónica, su utilización como herramienta en el proceso de rehabilitación ya puede ser una realidad en pacientes sedados.

Más música es igual a menos libros de autoayuda, menos antidepresivos y ansiolíticos. La música incrementa de manera inmediata (en menos de 3 segundos) los niveles de dopamina, endorfina y serotonina en las regiones cerebrales relacionadas con memoria, emociones y procesos cognitivos. Incrementa el flujo de sangre al cerebro y modifica ritmos neuronales; la actividad eléctrica del cerebro durante la música es de gran actividad y frecuencia (ritmo gamma), cantar incrementa la sensación de seguridad en uno mismo, estimula la autoconciencia y genera empatía hacia los demás.

La música modifica positivamente nuestro estado de ánimo, despierta emociones, No hay un área cerebral específica para la música, melodía o ritmos, pero es un excelente activador en varias áreas cerebrales y redes neuronales semejante a lo que genera la comida o el sexo; la música resulta placentera para el cerebro humano. La dopamina y las endorfinas se incrementan en la magnitud de poner atención, cambiar el estado de ánimo y motivar. Las neuronas del hipotálamo organizan una activación de tal magnitud que disminuye prácticamente el cortisol en los siguientes 40 minutos. El aprendizaje y la memoria se facilitan por parte del hipocampo, la amígdala cerebral reduce su actividad. Asimismo, también se incrementa la liberación de oxitocina y noradrenalina.

Sincronizar los pasos y movimientos a un ritmo musical ayuda para el tratamiento de un paciente con diagnóstico de enfermedad de Parkinson, debido a que se recupera la marcha natural de una manera rápida y ayuda al tratamiento farmacológico de esta enfermedad. La música ayuda también a demorar los efectos cognitivos y funcionales del Alzheimer y contribuye a la rehabilitación de pacientes con infartos cerebrales. Los adultos mayores pueden caminar más rápido y dar pasos más largos, si previo a su marcha escuchan música. El factor musical para estar involucrado en una terapia debe durar más de ocho semanas continuas durante 30 minutos.

La música puede disminuir el dolor, la ansiedad y mejorar las condiciones de adaptación al estrés. La respiración se hace más profunda. Se oxigenan más los tejidos. Se incrementa directamente la actividad del sistema inmunológico al aumentar la producción de inmunoglobulina A. La música no puede sustituir a ningún analgésico o antibiótico, pero es complementaria para recuperarse pues eleva el ánimo. El cerebro humano es musicalmente sensible.

La sonata para dos pianos K448 de Wolfang Amadeus Mozart incrementa el proceso cognitivo de manera inmediata. Sesiones de musicoterapia (40 minutos al día por 2 meses) incrementan la conectividad en redes neuronales clave del cerebro para mejorar la memoria y la capacidad de comunicación social. La música nos puede poner más felices que el dinero. La felicidad que otorga el poder adquisitivo y la sensación de control es aprendida, el dinero asocia y desensibiliza más rápido. La música activa una neuroquímica más poderosa.

Si bien la música no es una solución ni una medicina, ayuda al tratamiento y a la recuperación cuando tenemos un problema de salud.

La música es arte que activa, altera, cambia el estado de ánimo o llama la atención de las personas y puede provocar muchas emociones diferentes al mismo tiempo, entre ellas felicidad, ansiedad, tristeza, incluso éxtasis. ¿Qué tiene la música que provoca una reacción tan fuerte en cada uno de nosotros? La música involucra muchos sentidos, lo que a su vez puede producir una multiplicidad de respuestas y ayudar a crear conexiones neuronales más extensas, además de influir en el comportamiento a través de cambios estructurales y funcionales en el cerebro. Las intervenciones basadas en la música como herramienta terapéutica en rehabilitación son cada vez más comunes.

El impacto de la música en el cuerpo y cerebro humano son positivos, se conectan neuronas y éstas permiten un incremento en la plasticidad, permitiendo una disminución de algunos trastornos como la dislexia, la parálisis cerebral y el accidente cerebrovascular. Sin embrago, algunos tipos de música pueden inducir cambios negativos, generando una mayor actividad neuronal y empeorando por ejemplo la epilepsia musicogénica y alucinaciones.

LECCIÓN 44

El dolor no siempre es negativo

Desde un piquete de una aguja, pisar una piedra, hasta pasar por una quemadura o una contractura muscular, el dolor es una de las sensaciones que hace cambiar la conducta humana, lo evitamos y nos llama la atención. El cerebro, al evitarse dolor, disminuye la probabilidad de daño de los tejidos y genera aprendizaje.

Por un lado, se entiende que el dolor es el resultado de la activación, en serie y en paralelo, de neuronas que transmiten el pulso sensorial doloroso de la zona hacia el cerebro. Además, el dolor es el resultado de la aparición de patrones de actividad neuronal de impulsos nerviosos entre las neuronas y sistemas sensoriales inespecíficos.

Un proceso doloroso se origina porque tenemos receptores en nuestro cuerpo que cuando se activan, marcan y envían la sensación de dolor al cerebro, la cual sube por la médula espinal. Un dolor clásico lo llamamos nociceptivo (nos pegamos y duele), además, podemos desarrollar otro tipo de dolor, el neuropático o anormal que es crónico y sin un detonante real, un día sin más nos empezó a doler una pierna, por ejemplo. El dolor en fase uno es la consecuencia de una lesión breve y pequeña, el cual puede llegar a fase dos en donde la lesión es más intensa y duradera, generando lesiones tisulares en la que aparece la inflamación; hay una fase tres, en la cual se incluyen neuropatías periféricas o alteraciones en núcleos cerebrales, esta última se puede deber a módulos sobreactivados en la corteza cerebral, aunque la vía de recepción y llegada estén bien.

Cuando el dolor está en fase tres se debe de hablar de alteraciones en nervios periféricos y una desregulación entre la lesión y el dolor. En esta fase se puede indicar un proceso de enfermedad, dolores espontáneos o exagerados ante estímulos de baja intensidad. Cuando un dolor es producido por un estímulo que normalmente no causa dolor, se le llama alodinia; en contraste la hiperalgesia es una hipersensibilidad a un dolor por estimulación continua. Podemos tener hipersensibilidad ante una quemadura o un fuerte golpe, pero la alodinia se refiere específicamente a un cambio en la función de los receptores y las vías nerviosas.

El dolor viaja al cerebro por fibras no mielinizadas, es decir a una baja velocidad comparada con otras sensaciones. La velocidad es en promedio 0.5 metros/segundo, de esta manera el cerebro integra la sensación dolorosa a una baja velocidad, lo cual describe que no puede desensibilizarla de manera rápida, el dolor es lento y no se quita tan fácil. El dolor crónico favorece a la depresión y daño cognitivo (reduce memoria en especial), esto asociado principalmente a los valores altos de cortisol.

El dolor genera plasticidad neuronal, puede sensibilizar al cerebro para percibir estímulos que antes no eran dolorosos. La atención contribuye directamente en el proceso de percepción de dolor, poner atención en la zona de golpe o quemadura nos puede hacer sentir más dolor, por lo que el proceso cognitivo y de atención contribuyen a tener más dolor. Sin embargo, una excitación psicológica fuerte, miedo, agresión o estrés, desensibiliza la percepción de grandes lesiones traumáticas, en ese momento el dolor no aparece.

Los mecanismos de estos procesos dolorosos se llevan a cabo en la médula espinal y por supuesto también a nivel cerebral. Durante el proceso doloroso se origina una liberación masiva de endorfinas, noradrenalina y serotonina. Cambia la percepción, de tal manera que esto puede bloquear el viaje de la vía dolorosa, este también es uno de los mecanismos que explican por qué después de un gran dolor puede surgir una sensación placentera y relajante; además de que el dolor más intenso inhibe a otro dolor que es pequeño. De esta manera el dolor es un sistema difuso por momentos no organizado, que hace al cerebro poner atención y cambiar la neuroquímica que lo hace aprender y que le da placer y sensación agradable.

Recientemente en el campo de las Neurociencias se reportó que no todos los dolores son aversivos, incluso algunos se buscan sentir, porque después detonan mucho placer y esto puede generar adicción.

¿Cuáles son los dolores que excitan, seducen, agradan y el cerebro celebra tenerlos?

- En la actividad sexual: el dolor es estimulante e incrementa el deseo sexual.
- Al decir groserías: disminuye el dolor moral, una mala palabra libera endorfinas.
- Al competir: la sensación para no perder incrementa fuerza y motivación.

- En la religión: el dolor cuando se dedica a una imagen, a una idea o un pensamiento es altamente estimulante.
- Cuando se ríe intensamente: el dolor puede ser asociado a placer de una manera rápida.
- Que el dolor sea largo, intenso, aversivo y nos haga llorar por momentos y en contraste la felicidad sea corta, indican que el cerebro aprende más rápido de las lágrimas que de las sonrisas. Activamos más redes neuronales ante lo negativo o lo adverso.

LECCIÓN 45

Ejercicio para el cuerpo, beneficio para el cerebro

Ejercicio físico = buena memoria, mejor aprendizaje y mejor sueño.

Practicar ejercicio 30 minutos al día conlleva enormes beneficios para la salud, genera una actitud positiva ante la vida, incrementa la sensación de felicidad, favorece el equilibrio emocional, mitiga la ansiedad, reduce el estrés, produce mejores hábitos cotidianos. El ejercicio físico beneficia a la mente y al cuerpo, impulsa el incremento de glutamato, acetilcolina, noradrenalina, dopamina y endorfinas en el cerebro asociado a la reducción de cortisol, permiten una reorganización neuronal.

El ejercicio incrementa la densidad de la sustancia gris, es decir, la conectividad de las neuronas en la corteza cerebral. Disminuye el riesgo de sufrir dolores crónicos, asimismo disminuye la probabilidad de padecer diabetes, enfermedades cardiovasculares, mejora la condición entre la depresión y la ansiedad, y contribuye a tener un peso saludable.

El ejercicio frena los deterioros cognitivos. Prácticamente, después de 4 semanas de actividad física constante, todas las áreas del cerebro incrementan su conectividad y función. Hay una relación muy importante: entre más intenso es el ejercicio el volumen en el grosor de la corteza cerebral es mayor. Este proceso es independiente de la edad a la cual hagamos ejercicio; si bien después de los 70 años disminuye la intensidad de los cambios de interacción neuronal. Al realizar ejercicio se produce la proteína FNDC5, la cual a su vez incrementa los niveles de la proteína irisina que en el cerebro promueve la producción de BDNF (factor neurotrófico derivado del cerebro) el cual es el principal inductor de conexiones neuronales y neurogénesis en el hipocampo.

Uno de los organelos intracelulares que se duplican durante el proceso del ejercicio es la mitocondria, esta estructura celular genera energía y neurotransmisores. Tener más y mejores mitocondrias garantiza al cerebro un mejor consumo de glucosa y oxígeno, se obtiene energía y se garantiza la adecuada actividad neuronal y sináptica. Este simple evento —pero fundamental— incrementa la recuperación funcional neuronal en el Parkinson o enfermedad de Huntington.

Sin embargo, no podemos extrapolar para todos los pacientes los efectos positivos encontrados por el ejercicio en el cerebro. Claro que podemos recomendarlo en especial para las personas con probabilidades de padecer Alzheimer o con antecedentes de infartos cerebrales o isquemias cerebrales transitorias.

Nunca es tarde para hacer ejercicio: realizar 30 minutos de caminata por 4 días a la semana por 3 meses disminuye el deterioro cognitivo. La práctica repetida del ejercicio ayuda a que se generen nuevas neuronas en el hipocampo. El deporte es el mejor tratamiento anti edad para el cerebro, pues disminuye el proceso de envejecimiento.

Un factor que cambia inmediatamente el mal humor es hacer ejercicio aeróbico, lo que modifica el metabolismo cerebral.

LECCIÓN 46

El cerebro en un día promedio

Abrir los ojos al despertar, activa al hipotálamo y al sistema reticular ascendente, se libera histamina, mientras el cortisol ya previamente estimuló a la gluconeogénesis (30 minutos antes de despertar se incrementó en la sangre), por lo que los niveles de glucosa plasmáticos se incrementaron también y así el cerebro se activa con integración de la actividad del corazón (perfusión), con el hígado (metabolismo) y los riñones (control de líquidos). El hipotálamo inicia funciones para tomar control del horario, el hambre y las ganas de ir al baño; disminuyen los niveles cerebrales de la anandamida y la melatonina, sustancia relacionada con la relajación.

¡Despertó! es más fácil salir de la cama con un poco de liberación de dopamina si todo está bien, pero si se inicia con una preocupación o si se hace tarde, la noradrenalina inicia la tensión del cuerpo, un nuevo día comienza así.

La luz solar es importante para activar a nuestro sistema cardiovascular, endocrino y neuronas: encender la luz o abrir las cortinas de la ventana, es más efectiva que cualquier alarma-despertador. Cuando los rayos del sol se van poniendo más intensos, el nivel de serotonina incrementa en el cerebro: la luz solar pone en equilibrio las hormonas que intervienen en el estado de ánimo, disminuyen el nivel de sueño, generando actividad gradual de memoria y atención. El intestino comienza a moverse.

¿Y si no me puedo levantar?
3 consejos básicos:

- Inicia con música de bits rápidos, la dopamina cambia la actividad cerebral en forma inmediata.
- Cambia la temperatura: desde abrir la ventana, poner agua a tus ojos o lavarse la cara, son factores de activación neuronal inmediato.
- La dopamina y noradrenalina activan, motivan y despiertan. Por eso busca reír desde el inicio del día, la neuroquímica positiva nos incorpora al día más rápido. Cuéntate una historia rápida con final feliz, pon un objetivo por cumplir que ayude a la autoestima.

No siempre amaneces con hambre, pero después de 40 minutos de haber dejado la cama se abre el apetito, porque tus niveles de glucosa están aún por debajo de niveles óptimos. Se libera glucagón por parte del páncreas para compensar esto, el hipotálamo inicia el reflejo del hambre y los ganglios basales te hacen pensar constantemente en comer algo. Han pasado más de ocho horas de cena, y de tu última ingesta de alimentos. La madrugada es mejor con un café y una carga de glucosa. El cerebro consume 20 % de la glucosa de nuestro cuerpo, es un órgano privilegiado, de esta glucosa depende la síntesis de los principales neurotransmisores de la corteza cerebral, la liberación de hormonas y activación de genes neuronales.

Sin embargo, no desayunar puede tener efectos negativos en la actividad cerebral de todo el día, y aunque es posible rendir físicamente, el cansancio se aprecia si el cerebro no recibe alimento.

Ir al baño, tomar la ducha, es un proceso que activa la circulación sanguínea, incrementa la frecuencia respiratoria, cambia la temperatura y es el activador más importante de la corteza cerebral desde que despertamos. El cerebro sincroniza actividad eléctrica de atención (ritmo beta) y proyecciones de toma de decisiones de la corteza prefrontal. Estar debajo de la regadera es un hecho que nos permite pensar en lo más importante que en ese momento cruza por nuestro cerebro, ya que la corteza cerebral y los ganglios basales se activan sincronizando de tal manera que los pensamientos o análisis de problemas pueden tener soluciones mediatas, entender detalles de un problema o repasar lo que vamos hacer en las próximas horas. Este cambio de temperatura actúa sobre la tiroides, con ello el metabolismo también se activa.

El desayuno es la base del día. El primer alimento nos debe generar felicidad: el intestino y el cerebro empiezan a comunicarse, esto puede ayudar para hacernos sentir mejor, es fundamental tomarse un tiempo para desayunar. Se incrementa la liberación de dopamina y endorfinas. El estómago y el intestino liberan grelina, gastrina y gefirina, el tejido adiposo libera leptina, hormonas que viajan por la sangre y llegan al cerebro e informan que las paredes del estómago se han distendido, esto proporciona sensación de placer al hipotálamo, el cual, gradualmente informa de grado de satisfacción y saciedad para evitar seguir comiendo. El área tegmental ventral, un área del cerebro relacionada con las sensaciones de felicidad se activa. El intestino produce péptido intestinal vasoactivo, hormona que tranquiliza al cerebro al mismo tiempo que traduce cambios vasculares intestinales e incremento de movimiento en las estructuras abdominales. En otras palabras, vamos al baño a evacuar con una mezcla de satisfacción y plenitud.

Si antes de salir de casa te das tiempo de abrazar a alguien que quieres y sonríes lo más que puedas, tu cerebro va a liberar serotonina, dopamina, endorfina y oxitocina, hormonas relacionadas con amor, buen ánimo y felicidad.

Date la oportunidad de tener el privilegio de jerarquizar soluciones

Recuerda que 75% de las cosas que te van a suceder son exégesis y paráfrasis que las neuronas hacen: sonrisas, problemas, pláticas, reuniones, son interpretaciones del giro del cíngulo y sistema límbico, áreas del cerebro que interpretan emociones de acuerdo con cómo nos está yendo en el día. Te darás cuenta después que no vale la pena llorar, enojarte tanto y discutir, si el problema se analiza sin tanta emoción. Un cerebro maduro, con adecuada corteza prefrontal sabe escoger sus batallas.

Si estás en el andén del metro y pasa uno, dos, tres vagones-sardina, donde vuelan las bolsas y se reparten empujones; o estás parado en el tráfico sin moverte un centímetro, lo más probable es que te empieces a desesperar y tus niveles de noradrenalina se eleven pues tu sistema límbico se activa. Las pupilas se dilatan, los músculos se ponen tensos, la respiración se hace profunda, es fácil caer en provocaciones. Cuando por fin llegas a la oficina, al trabajo o la escuela, te tienes que limpiar el sudor: claro, en este proceso tu temperatura aumenta y los niveles de hormona tiroidea te hacen sentir un calor incómodo. Tu corazón ha latido 30% más, tu respiración ha permitido una mejor oxigenación y, sobre todo, tu cerebro está activo para lo mejor del día. Es importante identificar que las redes neuronales y todos los núcleos cerebrales se activan para poner más atención entre las 9 y las 13 horas. Si es posible cambiar el seminario, la conferencia o la clase más importante en el día, el horario debe ser entre las 9 y la 1 de la tarde.

Si llevas más de seis horas sin comer, el hipotálamo y el intestino nos lo hacen saber. Entre incomodidad, enojo o tensión, el hambre se esconde. Así se empieza a transformar en frases cortas, atención breve y necesidad de comer algo. Las orexinas y el glucagón (hormonas del hambre) se elevan poco a poco. La hormona tiroidea sigue activando a tu cerebro, a tu metabolismo y a tu corazón. El hipotálamo indica que tiene sed, pide agua y al beberla, libera hormona antidiurética, no pasarán más de 30 minutos para ir al baño a eliminar el exceso de agua que los riñones han detectado que no necesitamos. Efectivamente, hasta para orinar el cerebro integra la información de horarios, cantidad y necesidad. El hambre es una metáfora de bola de nieve en una pendiente con gran inclinación, cada vez es más, con velocidad y tensión constante.

Puede ser también que tu hambre insaciable sea porque existe una mayor actividad cortical, por eso piensas más rápido, con el objetivo de comer algo. Y mientras más hambre tienes, menos atención pones. Se puede generar ansiedad que va en relación con los niveles de glucosa; si por alguna razón los niveles de glucosa disminuyen mucho, nos obsesionamos, la temperatura disminuye y el nerviosismo nos colapsa. Comer te hace bien. Se libera la hormona calcitonina, que ayuda a guardar el calcio que comemos en los huesos, y más si comes una buena fuente de calcio como leche, quesos, brócoli o espinaca. Después de comer liberamos insulina, para que la glucosa pueda llegar adecuadamente a músculos y al hígado. Comer nos tranquiliza, obtenemos energía y minerales. Cambiamos el metabolismo para seguir trabajando y ejercitarnos adecuadamente.

Recuerda:

Es necesario comer proteínas (1 g de proteína por cada kg que pesas) saca cuentas.

Come feliz, no se debe comer aburrido, ya que lo segundo te hace comer de más. Siéntate para comer, disminuye más el cortisol y la comida será más sabrosa.

Un café ayuda a activar al cerebro, 2 tazas de café al día disminuyen la probabilidad de Alzheimer, pero ten cuidado con la gastritis.

Comer con amigos o en familia ayuda a mejorar los estados de ánimo, no te alejes de tu entono social, dale a tu día un poco de oxitocina. Ten en consideración que comer acompañado también te hace comer en promedio 30% más.

Nuestra atención en promedio dura entre 20 y 30 minutos, si te esfuerzas más, solo vas a aburrirte. Si quieres andar despejado la clave es reírse, romper los ciclos y moverse, dar unos pasos y estirarse para que el aburrimiento sea menor. Si la dopamina disminuye, necesita incrementarse en tu cerebro. Si puedes, habla con alguien, comunícate, si generas empatía, el estrés se adapta más rápido, esto pasa cuando nos sentimos parte de un grupo. Otro consejo, para no ser el elemento incómodo en la mesa de trabajo, es mejor ser solidarios y llevarse bien con tus compañeros, esto hace las cosas mucho más llevaderas, de otra forma te la pasas muy mal, la ansiedad en la tarde es más intensa y menos dúctil y adaptable. En esta hora del día la red neuronal por defecto se activa, el cerebro humano suele aburrirse más, pero puede ser más creativo.

Cenar pesado no es sinónimo de una buena noche, cenar alimentos muy condimentados, o lácteos en exceso, no permiten descansar al intestino y al cerebro, forzar la digestión disminuye la capacidad del descanso. Por otra parte, la estimulación luminosa opera en contra del descanso: la televisión, la computadora o el teléfono en la cama retrasan la liberación de melatonina, el cerebro no va a descansar ante una gran estimulación luminosa. Es necesario, en promedio dejar de utilizar los estimulantes luminosos 30 minutos antes de dormir. Cuando apagas la luz, el cansancio gana gradualmente, el ritmo beta cerebral pasa a ritmo alfa, gradualmente a ritmo theta, porque la anandamida se libera y reduces la liberación de histamina.

Por las noches

- Evita hacer ejercicio al menos una hora antes de ir a la cama. De otra forma, aunque estés cansado cuesta trabajo dormir.
- Los lácteos cuestan más trabajo para digerir por la noche. Para un adulto la leche puede cambiar la digestión, no tenemos todas las enzimas que se nece-

sitan para digerir lácteos. Tomar leche deslactosada es una buena opción.

- Es necesario ir a la cama cansado con ganas de dormir, no por cumplir un horario o necesidad, lo cual puede retrasar el dormir.

Tener un televisor encendido frente a la cama, ver la tableta acostado o el teléfono celular antes de dormir quita entre 30 a 45 minutos de sueño reparador, si esto lo llevamos por más de 15 días puede generar disminución de serotonina y predisponer a estados de depresión. Debemos descansar y evitar los malos hábitos antes de dormir.

Si todo está en orden, si no hay estrés o ansiedad, la anandamida irá ganando terreno, los músculos del cuerpo se relajan, la temperatura disminuye, si hay una cobija que presione el cuerpo ayuda a dormir más rápido. El ritmo eléctrico del cerebro pasa rápidamente de beta al alfa y eventualmente al theta y delta.

En la madrugada ¿mi cerebro duerme?

En la noche estás listo para liberar hormona de crecimiento al dormir, esta hormona hace crecer a los niños, en los adultos ayuda a reparar tejidos, lesiones o generar una mejor piel. El sueño más reparador, el que contiene más ensoñaciones es el que se presenta entre las 0 y las 3 de la mañana; aquí las neuronas permiten soñar, tener memoria y descansar. Es en este horario de 3 horas cuando nuestro cerebro se repara mejor, consolida el aprendizaje, revierte el estrés y recupera neuronas en el hipocampo. La melatonina se incrementa, limpia de radicales libres a las neuronas, evitando su desgaste y favorece su arborización, una mejor comunicación entre neuronas. El mejor mantenimiento de nuestro cerebro es en estas horas de la noche-madrugada, cuando el cerebro aun funcionando, ya que está soñando, sigue formando redes neuronales y nos prepara para el día siguiente.

Dan las 6 am, el despertador vuelve a sonar, y comienzas a liberar nuevamente cortisol; inicia un nuevo ciclo…

LECCIÓN 47

Salud mental y vitamina D

Más vitamina D, más memoria y aprendizaje.

La vitamina D es el nombre del colecalciferol (vitamina D3) y el ergocalciferol (vitamina D2), hormonas con un papel importante en la regulación del metabolismo del calcio que comemos y los fosfatos. La producción de vitamina D3 inicia en la piel por la radiación ultravioleta de la luz solar, eventualmente se transporta en la sangre para la creación de la forma hormonal activa: calcitriol (1,25-dihidroxivitamina D), por hidroxilación en el hígado y riñón, y termina la acción en el intestino para regular la absorción de calcio en el tubo digestivo. Esta vitamina es liposoluble, necesaria para la regulación adecuada de muchos de los sistemas del cuerpo, así como para el crecimiento y desarrollo humano normal.

La deficiencia de vitamina D afecta aproximadamente entre 30% y 50% de la población mundial y, por lo tanto, se la considera una pandemia silenciosa. Un nivel bajo de vitamina D supone un riesgo, en particular de cáncer de colon, próstata, mama y leucopenia. Además del factor importante que representa en la osteopenia y osteoporosis relacionadas con la menopausia en la mujer.

Además de su papel en la homeostasis del hueso y calcio, la vitamina D ha sido recientemente implicada en el funcionamiento del cerebro. Esta vitamina tiene acciones neurotróficas y neuro-protectoras. Durante las últimas dos décadas, estudios epidemiológicos y de investigación han demostrado la implicación de la vitamina D en acciones e influencias neurotróficas y neuro protectoras sobre la neurotransmisión y la plasticidad sináptica, desempeñando un papel importante en varias enfermedades neurológicas.

La microglía, que representa del 5 al 20% del total de células gliales presentes en el cerebro adulto, participa en varias funciones: en mantenimiento del entorno neuronal, respuesta a lesiones, reparación, vigilancia inmunitaria, secreción de citoquinas, regulación de la fagocitosis, poda sináptica y en esculpir circuitos neuronales posnatales. La microglía contribuye a algunos trastornos del desarrollo neurológico, como la enfermedad de Nasu-Hakola, el síndrome de Tourette, el trastorno del espectro autista y la esquizofrenia; a bajos niveles de vitamina D, la microglía no funciona adecuadamente. La ausencia de vitamina D se relaciona con la participación de la microglía en la génesis de autismo, esquizofrenia, depresión, esclerosis múltiple y defectos del desarrollo, así como enfermedades neurodegenerativas como el Alzheimer y Parkinson.

La vitamina D en el sistema nervioso central es mediadora de la proliferación de células neuronales, la neurotransmisión, el estrés oxidativo y la función inmune. Por lo tanto, su deficiencia durante el embarazo y la primera infancia puede tener un impacto significativo en el cerebro en desarrollo, lo que puede provocar posibles resultados neuropsicológicos adversos.

La deficiencia de vitamina D se asocia con un mayor riesgo de demencia y accidente cerebrovascular. Los niveles bajos de vitamina D pueden evidenciarse en estudios de neuroimagen identificando el riesgo de demencia y accidente cerebrovascular, en especial los relacionados con isquemia.

Es fundamental, determinar cómo se encuentran nuestros niveles de vitamina D, necesitamos en promedio 800 UI/día, y poner atención en la dieta con la ingesta de huevo, pescados como el atún y el salmón, o lácteos enriquecidos con dicha vitamina.

LECCIÓN 48

Perdonar: una acción de nuestras neuronas

Perdonar es un evento que tiene un sentido evolutivo, psicológico, social y biológico.

Perdonar con el cerebro es mitigar los sentimientos de culpa, vergüenza y tristeza, pero es de entenderse que la gran mayoría de las personas no piden perdón por el miedo a no ser escuchados. 70% de las personas piensan que pedir perdón es una experiencia humillante.

El perdón tiene una reciprocidad biológica y social, ya que las personas de mayor edad perdonan con mayor facilidad que los jóvenes, la empatía también proviene de la madurez cortical del cerebro. Las personas que perdonan o tienen indulgencia tienen una mejor salud física y mental, se han asociado con niveles de vasopresina y oxitocina estas conductas, lo que indica que ser indolentes les genera menos tensión emocional.

El perdón puede lograrse con mayor facilidad cuando sc tiene apego por la persona, si la persona tiene una relación consanguínea o existe conocimiento de la persona asociada con apego, es más fácil lograr el perdón si hay comunicación y elementos de arrepentimiento.

Cuando el cerebro va a perdonar, valora la situación, el lenguaje corporal, la prosodia, la descripción de los hechos, pero el ofendido siempre tiene más elementos para interpretar y argumentos para solicitar el reconocimiento de culpa, o la descripción de los hechos. El perdón llega si en ambos se reconoce arrepentimiento, aunque perdón no es olvido, ya que 90% de los actos que nos han ofendido, aun cuando se hayan perdonado o disculpado, en nuestro hipocampo y corteza prefrontal quedan los detalles de la ofensa persistentes pero interpretados de diferente forma y con otra carga de emociones de la amígdala cerebral.

Paradójicamente, las personas lábiles y sensibles son las que están menos predispuesta a perdonar. Tal pareciera que, al cerebro hipersensible, le cuesta más trabajo llegar a una solución a través del perdón. Las personas que no perdonan suelen sufrir más depresión y generan más estrés. A nivel laboral, se ha identificado que una persona que perdona se siente más satisfecha en sus relaciones interpersonales, más identificada con la empresa, rinde más en su trabajo y es más solidario.

A nivel cerebral son cinco las regiones neuronales más importantes para desarrollar el perdón: 1) corteza prefrontal dorso lateral, la cual proyecta y funciona como un filtro social y proyectivo de las conductas. 2) el lóbulo parietal inferior asociado al hipocampo, el cual es fundamental para la reminiscencia de los hechos y la descripción biográfica del dolor moral o la ofensa. 3) giro del cíngulo, que interpreta emociones y la sinceridad de la prosodia. 4) amígdala cerebral módulo de las emociones, que lleva el contenido de la voz y los recuerdos, y 5) lóbulos parietales superiores, los cuales activan músculos para el proceso de lenguaje corporal asociado al precúneo, zona de dimensión de decisiones.

Diversos estudios muestran que la muerte de una persona, el maltrato infantil y la violación son las tres causas que al cerebro humano le cuesta mucho trabajo perdonar. La cultura y la religión antevienen en la construcción del proceso del perdón. De esta manera las personas creyentes están dispuestas a perdonar con mayor facilidad.

LECCIÓN 49

Lo básico de la Cronofarmacología

Si en la naturaleza todo es rítmico, ¿por qué no prestar atención y proponer la utilización de un modelo más acorde para otorgar medicamentos con una naturaleza rítmica y no estacionaria?

Un ritmo biológico es una variación temporal que ocurre regularmente en los procesos o funciones orgánicas de los seres vivos, con intervalos precisos entre sucesivas repeticiones.

El ser humano tiene ciclos de 24 horas (circadianos), menos de 24 horas (ultradianos: sueño, comidas) y mayores de 24 horas (infradianos: ciclo menstrual).

En el cerebro el hipotálamo regula varios relojes de diferentes tejidos. Ya sea por la luz (retina, núcleo supraquiasmático a la corteza cerebral o vía de luz o fótica) y la vía no fótica (núcleo geniculado).

El hígado trabaja en un horario distinto de todos los órganos de nuestro cuerpo, de ahí que por la mañana puede tener proteínas y enzimas que por la tarde no tiene y viceversa, con ello los medicamentos no siempre tienen el mismo efecto y en ocasiones pueden generar más toxicidad dependiendo del horario en el que se administra y no por la dosis que se toma. Por ejemplo: el grado de ebriedad que produce el alcohol es mayor cuando se toma a las 11:00 a.m. A nivel hepático se han demostrado variaciones circadianas significativas de los citocromos P450, 4A3 (CYP4A3) y de la enzima N-acetiltransferasa, que actúan en la fase I y II del metabolismo de algunos fármacos como son: digoxina, carbamazepina, teofilina, litio y ácido valproico.

Además, el sistema endocrino también trabaja por horarios, los cuales deben sincronizarse con el horario del corazón, el riñón y el cerebro.

Por la mañana se liberan las hormonas:

- Cortisol (aumento de glucosa y regulación inmunológica) liberación promedio entre las 5 a 8 am.
- Las hormonas renina-angiotensina que controlan presión y formación de orina, regulan el proceso de mejor forma a las 7 am.
- Las catecolaminas (adrenalina, noradrenalina, dopamina) se liberan con mayor intensidad de 5 a 7 de la mañana.
- La coagulabilidad de la sangre es mayor por la mañana, hasta antes de las 11 am.
- Luz, alimento, temperatura y contacto social incrementan la liberación de GABA, serotonina, acetilcolina y neurotensina, Neuropéptido Y, así como la somatostatina.
- La respuesta inmunitaria varía a lo largo del día, alcanzando los niveles máximos de linfocitos T-CD4+ o helper a las 4:00 a.m. Este hallazgo sugiere que,

en determinadas ocasiones, los fármacos inmunosu-
presores deberían administrarse por la tarde-noche,
para conseguir una inmunodepresión adecuada.

- En el hombre, las concentraciones de proteínas plas-
máticas alcanzan su nadir durante el descanso noc-
turno y su acrofase por la mañana. Estos cambios
son mayores en ancianos.
- Resultado: más infartos por la mañana (isquemia,
arritmias, hipercoagulación) tanto cardiacos como
cerebrales. Hipertensión.

Por la tarde noche se liberan las hormonas:

- La hormona de crecimiento en sueño MOR (de 1 a
3 am, mientras dormimos).
- La melatonina (hormona que regula el sueño y disminuye el efecto de los radicales libres) incrementa
su liberación en el cerebro después de las 6 pm.
- Liberación gastrina y de ácido clorhídrico en el estómago.
- Se incrementa la reactividad bronquial por liberación de histamina.
- Resultado: gastritis y úlceras se agravan por la noche.
- Las crisis asmáticas y edema pulmonar son más
complicados por la madrugada.

Recientemente se ha identificado que algunos medicamentos tienen mejores efectos en ciertos horarios, de tal forma
que así nació la Cronofarmacología (cronos: tiempo).

A continuación, se enlista un pequeño ejemplo de los
medicamentos que cumplen mejor su función si se administran con ciertos horarios:

¿Qué medicamentos deben administrarse antes de mediodía para un mejor efecto?:

- Los esteroides (antiinflamatorios utilizados en enfermedades autoinmunes) tienen mayor efecto por las mañanas.
- La digoxina (medicamento para el manejo de la insuficiencia cardiaca) por la mañana tiene mejores efectos.
- Los antihipertensivos tienen mejores efectos si se administran por la mañana, debido a la expresión genética de los receptores b2 de adrenalina.
- Algunos AINES (por las siglas; Antinflamatorios NO Esteroideos) tienen efectos más adversos por la mañana.
- El ácido acetil salicílico tiene como efecto secundario hipertensión por la mañana e hipotensor por la noche.
- Los diuréticos (medicamentos utilizados para orinar y disminuir la presiona arterial) tienen mejor eficacia por la mañana.
- La clomipramina presenta una mayor eficacia y una menor incidencia de efectos adversos cuando se administra a mediodía.
- La intensidad y duración de la acción anestésica de la lidocaína es máxima si se administra a las 3:00 p.m.

¿Qué medicamentos deben ser administrados por la noche para un mejor efecto?

- La Teofilina, un medicamento utilizado para el asma, tiene mejores efectos en contra de la bronquio-constricción en la noche.

- La administración de inhibidores de las síntesis de colesterol para reducir ateroesclerosis es mejor si se administran por la noche.
- El efecto de cisplatino (un antineoplásico) como tratamiento de cáncer, ha mostrado que sus efectos secundarios son menores si aplica por la noche o la madrugada.
- El verapamilo es el primer medicamento con manejo crono farmacológico: tomarlo por la noche con liberación prolongada tiene mejores efectos antihipertensivos y cardioregulador.
- La heparina (un medicamento utilizado para disminuir la coagulación) tiene mejores efectos en la noche.
- Los medicamentos para la gastritis (omeprazol) son mejores cuando se administran por la noche.
- Los antihistamínicos (antigripales) son mejores por la tarde noche, no obstante, los nasales son mejores por la mañana.
- Haloperidol (medicamento utilizado para la psicosis) es mejor por la tarde-noche
- El efecto de la morfina es máximo cuando se administra por la noche y el del fentanilo, cuando se administra durante el día.
- Algunos antibióticos como los aminoglucósidos interfieren más en la memoria y aprendizaje si se administran por la noche.

Estos ejemplos indican que, en un futuro mediato, deben cambiarse los horarios de administración de algunos medicamentos, sus efectos no son los mismo si se cambian los horarios, o pueden ser más tóxicos sus efectos secundarios.

LECCIÓN 50

Neuroanatomía sexual

Dos amantes yacen felices recostados después de amarse intensamente, ella quiere conseguir más sensaciones placenteras, más caricias, quiere seguir siendo amada. Él, está pensativo, casi dormido, cansado, ha permitido mucho placer y esfuerzo, piensa en otras cosas, es más práctico y con menos apego en la fase de resolución amorosa.

¿Qué motivó a ambos llegar al plano sexual? Si bien existen factores psicológicos y sociales para llevar el evento sexual de una determinada forma, el proceso biológico es sumamente intenso y por momentos determinista: ellas escogen, aceptan y delimitan mejor. Ellos son más visuales, egoístas y superficiales.

Ambos, no se entregaron a la pasión con el corazón, hicieron el amor con el cerebro, obviamente, se apoyaron en su cuerpo, como órgano receptor intensificador de las sensaciones y modulado por nuestras hormonas. En promedio, un ser humano que tiene 3 coitos por semana desde los 18 años, en los próximos 30 años habrá hecho el amor 4320 ocasiones, si tiene 2 hijos esto indica que el proceso sexual para la procreación es utilizado para este fin en un 0.04%, es decir, el sexo en los humanos en 99% es utilizado para fines de satisfacción, placer y emotivos.

¿Qué estructuras activamos en el cerebro en la actividad sexual?:

- Una atención selectiva ante estímulos efectivos: corteza sensorial y de asociación.
- Se activa el tálamo, incitador y reverberante en la secuencia de información y de cambios cardiovasculares.
- La amígdala cerebral procesa la conducta y el deseo, lo mezcla con la lógica y lo real. Modificamos la respiración
- El hipocampo, al activarse, es la estructura cerebral más importante para generar las fantasías y es importante para los recuerdos.
- El núcleo accumbens, es el mayor proveedor de dopamina, la actividad se hace más placentera, el deseo se encuentra en esta región.
- El área tegmental ventral (VTA) al activarse se motiva para tener orgasmos, quita los frenos.
- Los ganglios basales e ínsula inducen conductas poco ortodoxas y movimientos.
- El giro del cíngulo etiqueta la emoción, disminuye dolor y otorga más placer.
- El hipotálamo libera hormonas que activan conductas, cambian la actividad corporal y hacen más fértiles a los amantes (ovulación y espermatogénesis).

- El cerebelo otorga movimientos y guarda emociones.
- La médula espinal otorga reflejos corporales y actividades sin consciencia para mantener la actividad física y sensitiva sexual.
- Desaparecen gradualmente los frenos de la corteza prefrontal, nos entregamos a la pasión. Nadie en la cama es inteligente. Por anatomía y neuroquímica: el orgasmo apaga, reduce o elimina transitoriamente al cerebro inteligente.

LECCIÓN 51

Neuroquímica de la actividad sexual

Factores neuroquímicos en la actividad sexual
Se libera dopamina y noradrenalina: las decisiones se toman rápido, la motivación es m
ucha y se nubla la actividad inteligente. La penetración y la distensión vaginal generan una gran liberación de estas catecolaminas.

Actividad del glutamato en corteza cerebral: motivación, activación e hiperexcitabilidad. La meseta sexual se debe a este proceso de motivación permanente por glutamato.

Incrementa la serotonina: proceso que nos hace obsesivos, ya nada es importante en ese momento, solo culminar el evento. El movimiento pélvico se hace más intenso.

Oxitocina: generada por los besos nos lleva al orgasmo, el cual induce contracciones uterinas o vesículas seminales, genera placer y apego.

Vasopresina: culmina en la necesidad de estar contiguo al cuerpo amado, pero al mismo tiempo sensaciones de pertenencia.

Acetilcolina: permite activación y generación de ritmos neuronales, los cuales nos borran la realidad, la atención y solo siguen a la motivación sexual.

Factor de crecimiento neuronal derivado del cerebro, en el hipocampo genera aparición de neuronas, un orgasmo intensifica el proceso memorístico.

Endorfinas: el placer en el orgasmo se explica por la aparición de encefalinas y endorfinas, desaparecen los dolores y se siente que el cuerpo es más ligero. Este es el subidón esperado que, con dopamina, se refiere a las felicidades más hermosas y cortas de la vida.

Óxido nítrico, además de favorecer el llenado vascular incrementa la liberación de neurotransmisores. Es un modulador fortísimo cortical.

Aparece la prolactina después del orgasmo, la que limita el deseo sexual.

Esteroides sexuales: la testosterona incrementa el apetito sexual en ambos sexos. Sin embargo, los estrógenos hacen a la mujer más receptiva.

A nivel de médula espinal, es tal la liberación de endorfinas y factores vasculares, que la dilatación vascular y relajación pélvica, producen placer local.

LECCIÓN 52

El atractivo que evalúa el cerebro

¿Por qué te gustó tu pareja?

La conducta de un proceso cerebral con el que evaluamos, memorizamos y capacitamos nuestra memoria emotiva para entender el atractivo físico y sexual que nos puede inducir una persona; lo que vemos en la cara, lo que traduce la mirada, los recuerdos que su olor genera, el cuerpo ajeno que nos excita, la voz motivante, la sonrisa mágica, el tono de voz, los besos, todo en conjunto, lo que nos atrae de aquella persona que nos parece irreal y que seduce a nuestro cerebro, todo es evaluado por varias partes de nuestro cerebro en una fracción pequeña de tiempo, tan solo 900 milisegundos.

El gusto por esa persona es el resultado de una serie de activaciones de varias redes neuronales, que en paralelo nos hacen liberar sustancias químicas a través de las cuales podemos iniciar el juicio de agradarnos y disfrutar de la presencia de alguien, esto nos puede hacer adictos a corto plazo a una persona.

El cerebro de hombres y mujeres es distinto; se gustan y coquetean, pero no con la misma dinámica, de ahí la importancia de que la evaluación y el inicio del enamoramiento no sea de la misma intensidad o de factores semejantes de reconocimiento. Si bien el hecho de que la simetría de la cara y una adecuada relación nariz-boca (ojos de igual tamaño, boca más ancha que los lóbulos de la nariz) es atractiva para la mayoría de los seres humanos; es necesario reconocer que mujeres y varones evaluamos de distinta manera, consolidamos el deseo y el gusto en tiempos distintos. El cerebro tarda en promedio ocho segundos para definir si la forma de los ojos de la persona admirada se asocia emotivamente con la intensidad y forma de vernos.

En este breve periodo, en el cual se analiza el color, el olor de la piel y el pelo, algunas áreas del cerebro del varón disciernen entre el timbre de la voz y lleva la mirada al escote de ella, evento que realizan la mayoría de los hombres en la primera cita; para ellas la evaluación se centra más en el tamaño de la espalda varonil, mentón grande y una voz grave. Los varones evalúan de las mujeres hombros pequeños y cadera ancha como un atractivo superior. La forma de caminar, termina por definir la elección. La pareja ha evaluado ya estos datos, cuando se miran de reojo analizan el caminado, la armonía y la fuerza de ellos o el ritmo y cadencia de la cadera y las piernas de ellas. Se ve atractivo el tono y volumen muscular que asocia protección a través de la altura del varón. Ellos, asocian glúteos prominentes y cadera con fertilidad. El cerebro analiza cara-hombros-cadera-forma de caminar y olor-sonrisa que nos cautivarán en los próximos meses. Es increíble cómo el cerebro realiza estas evaluaciones y asociaciones en un tiempo fugaz y hace que estemos afianzados a personas por largos momentos. Así las cosas, el problema no está en la elección, sino en la evaluación.

Esta atracción inicial se puede confundir con amor a primera vista, tiene elementos de activación inmediata en el sistema nervioso central; la conexión de la corteza cerebral, en especial, la corteza que tiene la inteligencia: la corteza prefrontal con un área relacionada con la memoria y el aprendizaje, llamada hipocampo, con otra responsable de movimientos rutinarios y control fino del movimiento corporal como lo son los ganglios basales, son fundamentales para evaluar al ser amado, la etiquetación de las emociones la otorga el giro del cíngulo y finalmente con un área que asocia placer: el área tegmental ventral. La dinámica de interacción de estas áreas genera las risas cortas, la complicidad de la broma, o la mirada con sonrisa en silencio, palabras sin sentido o actitudes sin mucho control en el momento de estar con la persona admirada que nos encanta.

Los neurotransmisores involucrados en este fenómeno altamente gratificante son la dopamina, noradrenalina, endorfinas y serotonina, así como algunas hormonas neuromoduladoras como la oxitocina y la vasopresina. La dopamina induce placer y emoción, necesidad de conseguir y disfrutar. La noradrenalina motiva y la serotonina genera los procesos de obsesión. La oxitocina favorece el apego y la vasopresina motiva la protección al mismo tiempo que induce procesos placenteros en la fantasía sexual y la defensa del territorio. Unir este rompecabezas único, al conocer a alguien, motiva a conseguir su atención y proponer estrategias para que no se vaya de nuestro lado. Las hormonas sexuales como la testosterona en los varones hacen evaluar más rápido y permiten un proceso corto en la toma de decisiones.

Las personas nos gustan también por factores psicológicos y sociales que hemos aprendido previamente. Pero nuestro cerebro también se ha desarrollado en un contexto social: muchas de las condiciones, actitudes, poses y señales que nos atraen están delimitadas por el aprendizaje social, el cual entre los 7 y 14 años de edad son la base de cómo nos comportamos y decidimos de adultos. Nuestra cultura, juicio crítico y normas con las que limitamos socialmente nuestro desarrollo comunitario frenan o favorecen algunos eventos. Nos gustan personas de acuerdo con modas geográficas, nos atrae lo que socialmente compartimos, gustos en común como la música, ideas y redes sociales.

Dos estudios en el campo de las Neurociencias estuvieron de acuerdo en que la mirada de los varones suele reconocer los senos de la mujer, la cadera y la cara ¡al conocerla!, es decir, se toma menos de 3 minutos un escáner social. En contraste, esto no es un determinismo, 60% de las mujeres, ubican su mirada en el abdomen, espalda, cara, cintura del varón y nalgas del varón. Para ambos, este proceso de mirarse y coquetearse otorga información que es interpretada: cara simétrica, mentón grande y espalda ancha brinda protección, seguridad y adecuada salud física y actividad sexual; senos grandes se asocia a buena salud, estado reproductivo y una pubertad terminada. Si bien cada uno de nosotros tenemos marcadores personales de belleza, 68% de la población humana busca en la cintura un proceso de salud y 89% busca en la simetría de la cara un sinónimo de belleza.

En la evolución de la humanidad, las normas sociales han modificado la capacidad de liberar dopamina por nuestro cerebro, a su vez, la dopamina nos cambia, nos hace tomar decisiones y nos enamora. Lo social puede determinar cambios en la dinámica fisiológica cerebral. Sin embargo, entre más se opongan a nuestros gustos y traten de evitarlos, más nos obsesionan por querer obtenerlo.

Hoy las Neurociencias reconocen que entre mayor sea la recompensa prometida es mayor la atracción, traducido esto en la forma de elegir pareja, significa que para nuestro cerebro las personas que tienen mayor atractivo físico y social son las que más atraen, queremos obtenerlas, que nos amen, esto representa un gran éxito biológico y social, una liberación desmesurada de dopamina en consecuencia fortalecida por la culminación de apropiarse socialmente de la persona que se ama. Las características físicas son siempre interpretadas. La parte social es un reforzador positivo: nos atrae el poder adquisitivo, actividad económica de las personas, su manejo cultural de información, su inteligencia. Un varón alto con voz gruesa es más atractivo, esto se asocia a la gran mayoría de cosas que representan tamaño y poder en la sociedad. En el hombre se pone de manifiesto que biológicamente son seducidos por la juventud de la pareja asociado a la belleza física.

Para mujeres y hombres opera un dato interesante: el factor de lo esperado en el premio a conseguir, esto nos hace sentir que la persona es más inteligente o atractiva de lo que es. En la medida que desconocemos a una persona, más nos seduce, el halo de misterio genera más atracción a las neuronas. Las primeras veces que hablamos con la persona admirada pero no conocida, el cerebro le otorga atributos de manera gratuita. Una vez conquistado la atención o cariño de la persona amada, la motivación cae más del 60%. Este evento es común para el cerebro de diversos mamíferos, en especial, para diversas conductas a lo largo de la vida del ser humano: lo obtenido deja de ser atractivo. El problema radica en no saberlo, no entenderlo y aplicarlo.

Un olor es especial para ellas, no para los varones. Una mujer a través del olfato puede distinguir en menos de 5 segundos el atractivo de una posible pareja: las mujeres pueden oler el complejo mayor de histocompatibilidad, una proteína que acopla el sistema inmunológico con la armonía tisular de todos los órganos de nuestro cuerpo, este complejo es el responsable de marcar las células propias de las que son ajenas a nosotros, por ejemplo, en una infección o en un trasplante. Si este complejo es semejante al de la mujer y ella lo huele, ella rechazará conductualmente a la persona. En contraste, si el complejo mayor de histocompatibilidad es ajeno a ella, diferente y lejano, esto marca una diferencia genética que a su cerebro le proyecta gran atractivo, le gusta. Esto indica que la mujer tiene un nivel mayor e inteligente para escoger a una pareja: la quiere diferente a ella genéticamente; un posible hijo tendrá genes distintos con lo que gana la evolución de interacción de genes diferentes; en contraste, las copias de genes repetidos se asocian con disminución de inteligencia y anormalidades físicas en hijos de personas con consanguinidad. Una persona genéticamente diferente a una mujer le indica que sus genes pueden llevar a cabo una mejor herencia, a través de un hijo con mayor diversidad genética. La mujer no necesita saber la consanguinidad ni los detalles previos de la pareja, con solo olerlo, ella tiene un escáner completo de la genética de la persona que tiene enfrente. Un primer beso que ellas otorgan es suficiente para saber si la relación va a durar mucho tiempo o, en consecuencia, ser primera y última cita, ya que el beso no fue lo suficientemente gratificante y atractivo para ella.

El que una persona nos guste y sea demasiado atractiva para nosotros es para el inicio de una relación, para escoger a la pareja, para enamorarnos, no para mantener a la pareja a nuestro lado.

LECCIÓN 53

Psicópata o altruista

La biología, la genética y la sociedad intervienen directamente en la actividad y composición de nuestras conductas. Si bien heredamos nuestro carácter a través de los genes que codifican para las enzimas, los tipos de receptores o las proteínas que regulan nuestro metabolismo, etcétera; la personalidad la vamos gradualmente construyendo y cambiando con la evolución de nuestra vida. Un periodo fuerte de adquisición de información y formación de redes neuronales que contribuyen a ir modelando lo que seremos como adultos, se da entre los 7 y 14 años. Muchos de los genes, la plasticidad neuronal y la liberación de neurotransmisores son especialmente modulados en esta edad por la manera que el aspecto social y psicológico afecta a cada persona. Lo que más se repite, la violencia de que se es testigo, el proceso doloroso moral al que nos exponemos a esta edad, todo ello impacta en el aprendizaje y marcan a nuestra vida, es decir hay un determinismo psicológico y social que poco a poco influye en cambios anatómicos y funcionales que van a desarrollarse e inducirán cómo se comporta una persona en la etapa adulta.

El cerebro aprende a ser egoísta o desinteresado, violento o tranquilo, emotivo o controlador en la etapa de vida que corresponde de los 7 a los 14 años; en este periodo, se generan cambios en las conexiones neuronales, asociados a la activación de genes y cambios hormonales en el cuerpo, lo que modifica nuestra forma de pensar, de poner atención y regular nuestras memorias. Diversas áreas cerebrales como el hipocampo, el cíngulo, la corteza prefrontal, la ínsula y en especial el sistema neuronal de recompensa (el núcleo accumbens, el área tegmental ventral y corteza prefrontal) se conectan y hacen redes neuronales funcionales con las que el cerebro aprende a sentir felicidad, tristeza, violencia, irritabilidad y diversas inquietudes, estos cambios neuronales en su conexión, son a lo que se le llama "poda neuronal" y es una parte importante de la plasticidad cerebral humana.

Una red neuronal que más cambia o se modifica es la responsable de la liberación de dopamina (el neurotransmisor de la felicidad), de esta manera, el cerebro gradualmente va generando condiciones anatómicas para aprender, contrastar y desarrollar aptitudes para encontrar felicidad, satisfacción. El circuito neuronal de la recompensa es uno de los responsables para definir si la personalidad se modifica para desarrollar un cerebro psicópata o bien proporcionar los elementos para ser una persona altruista.

Diversos trabajos clínicos en el campo de la Neurología, han mostrado que uno de los datos característicos de un cerebro psicópata es que disminuye la capacidad o pierde la capacidad de generar emociones agradables como consecuencia de detonantes ásperos, imprevistos, violentos o giros inesperados terribles en la vida. En contraste, el cerebro de una persona altruista genera más emociones, realiza evaluaciones y jerarquiza apegos, es más abierto a la interpretación de sus emociones, tiene más y mejores conexiones, no se enfrentó a la violencia, tuvo comunicación, apego, comunicación y cariño.

La terapia psicológica en las personas altruistas suele tener mejores resultados y con más impacto en el entendimiento de las experiencias, estas personas, a su vez, valoran más los cambios en su persona, sus comportamientos y evaluaciones que realizan.

La terapia cognitivo conductual asociada a la práctica del mindfulness (técnica de meditación activa para colocarte en el aquí y en el ahora) en las personas compasivas o altruistas induce mayor liberación de dopamina, oxitocina y endorfina; en este grupo de personas, es posible controlar mejor el dolor crónico, mejorar la respuesta ante la depresión, disminuye más rápido la ansiedad y el estrés se adapta más rápido. En un cerebro que no desarrolla emociones o las evita, la terapia cognitivo conductual no contribuye de manera inmediata en resultados. El cerebro psicópata puede tardarse hasta 6 meses más en la construcción de nuevos aprendizajes relacionados con la emoción.

LECCIÓN 54

El teléfono celular y la salud

Debido a la inducción de alta satisfacción, latencia inmediata y alta frecuencia de estímulos visuales-auditivos, el cerebro puede generar rápida tolerancia e inmediata dependencia a los dispositivos digitales (teléfono celular, tabletas inteligentes, computadoras), pero al hacerlo personalizado, modificable y altamente manipulable, el teléfono celular tiene ventajas en el proceso adictivo.

Un periodo prolongado de exposición a una pantalla pequeña, estimulante, a su efecto lúdico-placentero de comunicación, juego o actividad en la interacción con las redes sociales, los hacen imprescindibles muchas horas al día. Pero recientemente, se identificó la inducción de efectos físicos, psicológicos, conductuales y fisiológicos adversos, todos ellos relacionados con el tiempo dedicado al uso del teléfono celular. La exposición constante a estos dispositivos puede afectar la salud mental y física: 1) aumentar el estrés, no solo en su duración sino que es posible desarrollarlo más fácilmente; 2) ansiedad marcada como una preocupación constante, limitante en la toma de decisiones, catastrofista, tendencias suicidas y síntomas de depresión asociados proporcionalmente con la dependencia al equipo digital; 3) causar diversos problemas de sueño tanto en niños como en adultos; 4) relacionarse con factores de riesgo de obesidad y trastornos cardiovasculares, incluida la hipertensión, incremento plasmático de colesterol; 5) generar la resistencia a la insulina; 6) mala calidad del sueño inducida por el tiempo frente a la pantalla y la negatividad influenciada por el contenido, interrupción del sueño reparador por ver el teléfono en la cama antes de dormir, pues se asocia a una disminución de melatonina, anandamida y hormona de crecimiento, leer en la cama el teléfono celular se vincula con un inadecuado horario para dormir y despertar, induce a la dificultad para descansar; 7) provocación de un estado de hiperexcitación cortical que se asocia al incremento de la hormona del estrés: cortisol, lo cual se relaciona con desincronizar el reloj biológico o ciclo circadiano, alterar la química cerebral y crear un lastre para la obtención de energía y el desarrollo cognitivo. La adicción a los contenidos y la exposición excesiva a la pantalla no es adecuada para el cerebro humano, nos conviene entender que más de 5 horas de exposición al celular al día sí es perjudicial.

Adolescentes que dedican mucho tiempo a las redes sociales o al celular/tableta se muestran menos felices que los que prefieren practicar deporte o convivir con amigos.

El abuso del teléfono celular entre los 12 y 14 años de edad favorece distracción, problemas de sueño, un riesgo de desarrollar depresión o trastornos de ansiedad; lo anterior hace importante controlarlo.

LECCIÓN 55

Los errores son necesarios: se aprende de ellos

Todos los cerebros se equivocan, todos cometemos errores. Es fundamental para evitar nuevamente un error: aprenderlo, detectarlo e integrarlo en la memoria. Los errores, cuando son capturados por grupos de neuronas especializadas para ello (están en el giro del cíngulo y la corteza prefrontal lateral), los hacemos conscientes. Esto tiene la particularidad de evitar o disminuir la culpa, el enojo o la vergüenza que se encuentra previo al dolor moral e ideas recidivantes que molestan a nuestra conducta.

Algunos errores metodológicos, de palabras, de omisión o de apreciación se repiten muchas veces en nuestra vida, incluso en nuestro día o todavía peor: en menos de una hora. Debemos reconocer que atrás de repetir el mismo error se encuentra la falta de atención, el hambre, el cansancio, la privación de sueño, o bien una condición de estrés. El cerebro se da cuenta en menos de 100 milisegundos que está cometiendo un error, en algunas ocasiones regresamos al punto inicial para tratar de solucionar la serie de errores u omisiones, esto sucede en 20% de los casos. En la convivencia social, en 75% de los casos, dejamos las cosas con el error subyacente, aun así, tenemos pensamientos que ubican el error.

Para evitar errores, necesitamos condiciones de aprendizaje libres de omisiones. Esto significa que necesitamos un reforzador en el momento de estar aprendiendo o adquiriendo cognitivamente las reglas, o ser cuidadoso en el orden de la información. La emoción ayuda, pero, mucha emoción también puede afectar al crear sesgos; la dopamina genera reforzamiento neuronal, pero si ésta dura mucho tiempo o es a grandes concentraciones termina por disminuir la parte objetiva neuronal de la detección del error. Es decir, disminuir los factores de estrés, manejar mejor una emoción y repetir de 7 a 10 veces en menos de un minuto el factor, nombre, fecha clave o serie de palabras, genera condiciones libres de omisiones. Tenemos que reconocer que independientemente de la edad que tengamos cometemos errores más fuertes por la tarde (ponemos más atención entre las 9 am y 1 pm) a esto hay que sumar nuestros niveles de glucosa (desayunar o comer se vuelven imprescindibles al memorizar), si los niveles de cortisol son altos (atenúan la entrada de información al hipocampo), o finalmente, cuando los niveles de noradrenalina se incrementan (por enojo, adversidad) generamos sesgos de aprendizaje y esto predispone a cometer errores en la respuesta inmediata o en la generación de memorias erróneas.

Cuando reconocemos un error, varias áreas del cerebro se activan. En un margen de adecuada salud mental, el cerebro no quiere seguir cometiendo los mismos errores, cuando más somos conscientes de ello. Tenemos una máxima exactitud de cálculo, pensamiento y análisis de información, pero ésta disminuye si exigimos rapidez o le presentamos un futuro inmediato de adversidad a nuestras neuronas, por esto, tratamos de ajustar nuestras respuestas ante preguntas importantes o procuramos tomar más tiempo si de nuestra respuesta dependen consecuencias en nuestra vida. Siempre, nuestras neuronas van a buscar contundencia, verdad, y por supuesto aceptación, sin embargo, entre más estemos adaptados a evitar a cometer un error es más probable que lo llevemos a cabo y de nuevo corregimos rápidamente.

La corteza prefrontal, específicamente la ubicada en la región dorso lateral, se asocia con la actividad del giro del cíngulo en su porción anterior y la comunicación con los ganglios basales están involucrados en el sistema neuronal de detección y atención de un error. La corteza prefrontal evita cometerlo porque hace contraste respecto a información previa y la proyección de la posible consecuencia del error (vergüenza, culpa, límite); a su vez el giro del cíngulo es el módulo especializado de la corrección de fallas, interpreta, asocia y somete a emociones de la amígdala cerebral el error; y, por supuesto en los ganglios basales es el circuito de reverencia que nos hace entender y nos molesta con la repetición de la secuencia del momento. De esta manera, comúnmente, la corteza prefrontal corrige, pausa secuencias o voluntariamente omite el acto del desliz y la culpa, o somete a escrutinio la falla. Esta área cerebral toma las decisiones de avanzar con los errores y el dolor moral o bien decide pedir una pausa o solicitar una disculpa, entonces quiere corregir el error que ha cometido.

Cometemos errores, pero si aprendemos ganamos tiempo en el futuro. Un error corregido, es eficiencia en la vida. Casi en 80% de los casos, los aprendizajes están acompañados de un error de inicio. Depende mucho de la habilidad de la corteza prefrontal para asumirlo e inmediatamente corregirlo. Lo anterior quiere decir que fallamos y cometemos errores más cuando somos conscientes. Reconocer los errores ayuda, no hacerlo abre una secuencia de entorpecimientos e inversión de tiempo que cansa y desestima nuestra cotidianidad.

LECCIÓN 56

Duelo patológico

"Ya nunca más volverá… ya no está conmigo, se fue para siempre."

¿Por qué el luto ante una pérdida irreparable puede llegar a ser un problema? en el luto crónico, aparece el miedo, el enojo, la culpa y la desesperación.

La duración de un duelo ante una perdida es normal cuando ésta se vive en un periodo entre 6 a 9 meses, pero después de un año, se considera un duelo patológico, no obstante, si una persona está constantemente llorando, hablando, recordando y asociando sus pensamientos para avivar el recuerdo de la persona fallecida se indica que es un duelo patológico.

Las personas que tienen duelo patológico comúnmente recuerdan los mejores momentos que vivieron con esa persona, pero en especial los días que compartieron con más emoción. La nostalgia aviva culpas. La visión dolorosa de la realidad los acompaña constantemente, se sienten desesperados y por momentos amargados. Puede ser que hagan atracones de comida o cambios en la dieta los hacen subir o bajar de peso. Eventualmente estos pacientes pueden llegar a tener enfermedades cardiovasculares o cáncer.

El duelo patológico está relacionado cuando la persona que lo presenta tuvo ansiedad en la infancia, sufrió abusos o abandono, fue aislada socialmente o cuando la relación con la persona fallecida fue muy estrecha o el cuidador lo tuvo por mucho tiempo y sus atenciones a los detalles eran muy dedicados. Finalmente, se asocia cuando hay una muerte repentina, inesperada o un suicidio.

El duelo patológico tiene una dualidad muy fuerte, a veces cuando una persona piensa en la persona finada siente una felicidad transitoria. Eventualmente este circuito de recompensa detona y acompaña el dolor moral, el cíngulo y la insulina hiperactivos.

El proceso se acompaña de un incremento en la actividad de la amígdala cerebral, generando un estrés psicológico que va mermando la memoria y la atención. La terapia funciona normalmente y ubica a cada individuo. Las personas que tienen duelo patológico, cuando hablan de esto facilitan las explicaciones apropiadas para que eventualmente la memoria autobiográfica vaya cambiando la interpretación de muchos de los eventos compartidos con la persona, uno de los grandes problemas del duelo patológico es una disminución de la memoria a corto plazo.

El duelo patológico se puede advertir cuando una persona tiene dificultad para hacer cosas nuevas, evita lugares, objetos que le recuerdan al fallecido y la conclusión cotidiana es no aceptar la pena. Pierde la confianza en los demás. Hay una sensación de que también la vida se terminó, incluso la propia. Los resentimientos con las personas fallecidas también pueden estar presentes.

En estas condiciones, la memoria y la depresión tienen un determinismo recíproco, se confronta constantemente lo bueno y lo malo, lo que nos hizo bien y lo que también se perdió.

Es necesario hacerle entender al cerebro que tiene un proceso de duelo patológico, que debe imaginarse una conversación final con la persona para cumplirse el duelo y desconectar la persistencia. Hacer una planificación de actividades que poco a poco ayuden a recordar y despedirse con una motivación especial de dejar ir bien con mayor objetividad. Cambiar la manifestación de la oxitocina en la sensación de pertenencia con la persona fallecida. Una buena terapia debe empezar por la información, la retroalimentación, y con una frase contundente, esto hace responsable y activo su dolor: usted puede hacer lo que quiera y decidir qué hacer para que se sienta bien. A partir ese momento, la persona puede gradualmente trabajar la pérdida e ir contra lo que la hizo sentir mal.

LECCIÓN 57

Un buen líder

Existen diferencias entre un jefe y un líder. Un líder tiene una gran capacidad para influir en los demás, inspirando, yendo hacia un objetivo. El líder se gana comúnmente la jerarquía a través de trabajo cotidiano y esfuerzo. Un jefe tiene autoridad impuesta de inicio, su posición es jerárquica, no necesariamente tiene experiencia.

El líder se gana la confianza, genera entusiasmo y agrega soluciones a los problemas, sabe pedir ayuda y reconoce la importancia de cada uno de los miembros del equipo, inspira respeto. El líder muestra el camino, otorga comentarios, apoya el desarrollo profesional, delega responsabilidades y fortalece el espíritu de equipo.

Un profesional que brinde apoyo a los demás y puede establecer entonces una adecuada diferencia entre jefe y líder debe hacer cuatro cosas en el cerebro de su equipo.

Sabe que la motivación es mucho mejor que el castigo. Si bien la gran mayoría de las personas esperan una retroalimentación positiva que puede incluir premios. La motivación permite que las personas se dediquen más al trabajo y traten de hacer lo mejor por la sensación de pertenencia a un equipo.

Un líder adecuado sabe respetar horarios y también sabe tomar pausas.

Los mejores líderes saben disminuir las condiciones de estrés de su grupo cuando les otorgan autonomía y certidumbre. Cuando una persona siente tener control en su trabajo se hace más eficiente. La independencia ayuda a obtener flexibilidad de pensamiento y por eso se toman mejores decisiones. Cuando se siente apoyo, comprensión y comunicación se tiene certidumbre.

Un buen líder sabe controlar su arrogancia y la experiencia no la convierte en ego. Un líder sabe la responsabilidad que tiene la carga laboral y no culpa los demás de un fracaso grupal; el aprendizaje del error expresa que con el ejemplo puede conquistar la lealtad y el reconocimiento.

LECCIÓN 58

La memoria es una capacidad

Aunque se ha tratado de comparar a la memoria como un disco duro de una computadora, el proceso de almacenaje es diferente. Sí podemos llegar a agotar nuestra capacidad memorística, el cerebro no es una computadora.

Una computadora o una tableta, reduce la práctica cognitiva de nuestras neuronas como la memoria, la escritura, por lo que, no solo disminuye la capacidad memorística, además interfiere sobre el proceso de adquisición de información.

La gran mayoría de nuestros aprendizajes son de manera consciente, no obstante, podemos aprender algunas pequeñas cosas sin ser completamente conscientes.

La gran mayoría de nuestras memorias se consolidan durante el sueño y específicamente en los sueños más reparadores que existen antes de las tres de la mañana, si es que dormimos por la noche. En el sueño se eliminan las conexiones superfluas y pueden dividirse neuronas en el hipocampo. Sin embargo, no podemos ser conscientes durante el sueño para aprender, no tenemos la capacidad de aprendizaje sin corteza prefrontal.

El cerebro conserva su utilidad, por momentos durante el día puede utilizar hasta 80 o 90% de su capacidad, pero lo hace por fracciones pequeñas de tiempo. Cuando se hace eficiente disminuye el número de neuronas integradas por una respuesta. Nuestro cerebro siempre trabaja al límite como respuesta a cada exigencia de la que el medio demande a nuestras neuronas. Pero éste no funciona como si recibiera una receta.

Un cerebro maduro utiliza su experiencia para agilizar los procesos de aprendizaje de una manera más rápida, los adultos con experiencia disminuyen el método de ensayo y error, adaptan las reglas para hacer su actividad.

Hacer sopas de letras, armar rompecabezas, jugar ajedrez son actividades que pueden ayudar a fortalecer la memoria y hacer mejores conexiones en el cerebro. Sin embargo, si no se tiene disciplina y no se realizan con frecuencia los juegos de mesa, la realización de estrategias no puede ser suficiente para conexiones que perduren. Para aprender de manera contundente necesitamos hacer más eficiente la llegada de sangre al cerebro a través de ejercicio, correr, barrer, bailar, caminar.

LECCIÓN 59

El Trastorno de Déficit de Atención e Hiperactividad (TDAH) a debate

El lado A

Oscar se siente con angustia constante en casa, le gritan, lo asustan, lo regañan, lo humillan y lo golpean, parece que no hace nada bien, sus padres siempre lo están atosigando de lo incorrecto de su proceder, de lo distraído y de la constante comparación con su hermana, es un persistente recuerdo imperativo "¡eso no se hace! ¡estás perdiendo el tiempo!"; esto cada vez lo merma, lo daña emocionalmente, lo pone triste, lo lleva a estar solo la mayoría del tiempo en su cuarto; a su escasa edad, se siente culpable de las discusiones de sus padres y de la molestia crónica de su hermana con él. Oscar no entiende qué hace mal

no entiende,

no entiende,

no entiende… peor aún, no sabe qué debe cambiar,

no sabe

no sabe

No sabe… si con eso, si con ello, él pudiera hacer feliz a los que están junto a él, lo haría, pero no lo sabe…

En la escuela Oscar se mete en todos los temas, y aunque no tiene amigos, trata de organizar juegos, de inventar nuevos y de decir cosas que la gran mayoría de sus compañeros —por momentos— no le entienden. Eso lo lleva a jugar solo y por instantes a ver pasar la vida solo. El rendimiento académico es otra cosa, los profesores (sí, varios, porque lo han cambiado de varios grupos), todos insisten en que es incapaz de poner atención, en que se mueve demasiado, que distrae a los demás, de todos los profesores, al menos cuatro indican que Oscar se distrae mirando por la ventana, sus preguntas son ¿a qué hora va a terminar la clase? sus notas escolares no son buenas, y no obstante a ello, dos profesores han identificado que Oscar es sumamente inteligente: el nivel de retención de la información que tiene es fantástico, tiene una memoria de detalles que sorprende. Oscar es despistado, impulsivo, lo interesante es que cada uno de los profesores pareciera describir a varios niños siendo el mismo Oscar: distraído pero inteligente, impulsivo pero sensible, aislado pero afable con algunos compañeros, arrogante, inquieto y a veces violento.

Cuando por momentos parece estar plenamente atento, inicia a hacer ruidos con las manos, la boca, los labios, empieza moverse en su lugar, parece que no respeta las reglas de la escuela: raya el mesabanco, se pone a hacer dibujos en plena clase o pretende leer historia en clase de ciencias naturales. En casa se va cuando su madre le está marcando límites, parece no importarle que echó a perder la leche por ponerle pintura y regresarla al refrigerador, o por volver a sacar 2 en matemáticas, no, no le interesa.

El lado B

Pocas personas han identificado que a Oscar le cambia frecuentemente el ánimo y muchos de sus actos, sin pensarlo, son arrebatos, no tiene paciencia, interrumpe a los demás cuando están hablando. A punto de cumplir 10 años, a veces se comporta como cuando tenía cuatro años.

A veces se agita solo de pensar en lo que hace y lo que le falta por estudiar o los deberes que dejó de hacer. Se comporta ofensivo, en ocasiones sin causa aparente en la escuela o en la casa, también contra él mismo, se pega, o se jala el cabello. Por períodos rompe en llanto, casi nadie ve el acto de violencia que hace en contra de sí mismo. Es un genio en la improvisación. Cada vez que se le obliga a controlar su conducta es una invitación a romper los límites. Si bien no es rápido para ejecutar tareas, su mente lo pone a soñar en un futuro en el cual se piensa futbolista, presidente o artista. Es curioso, tiene ganas de saber, se asombra con las cosas que no conoce, tiene una gran energía. Pero pocos adultos valoran su creatividad, es espontáneo, sensible, dispuesto a ayudar cuando se le pide de manera pausada y calmada. Oscar es cada vez más melancólico en la casa y en la escuela porque siente que decepciona. Pero, sí, inmediatamente vuelve al inicio, al movimiento y su impulsividad.

Oscar manifiesta el Trastorno de Déficit de Atención e Hiperactividad (TDAH) el cual, en épocas recientes, vino a traer a debate su entendimiento, la atención psicológica y, por supuesto, la necesidad de utilizar o no medicamentos para su manejo.

El TDAH

El trastorno de déficit de atención (TDAH) se diagnostica entre los 6 y los 16 años. Desafortunadamente, cada vez a edades más cercanas a la adolescencia. Siete de cada diez niños diagnosticados con TDAH son varones. Los signos con los que más se presenta en el diagnóstico son: distracción, hiperactividad motora, falta de control de impulsos. Esto puede acompañar a la persona hasta su etapa adulta; atrás del TDAH, existe un adulto que no tiene interés en las cosas, que olvida comúnmente y que es un caos en el trabajo o en sus relaciones interpersonales con la familia. Los adultos llegan a tener actitudes necias y por momentos son teatrales, tienen cambio de ánimo de manera fortuita y no pueden mantener la paciencia. Los adultos llegan a ser obstinados y procrastinadores.

No hay un gen específico que explique al TDAH, sin embargo, sí existen factores genéticos y hay determinantes prenatales como la ingesta de alcohol o exposición al tabaco por parte de la madre en el primer tercio del embarazo.

Actualmente, la hipótesis de la falta de dopamina como uno de los principales moduladores de la génesis de este trastorno sigue vigente. Los factores hereditarios indican claramente que el receptor tipo cuatro de dopamina y las moléculas relacionadas con la recaptura de este neurotransmisor en el espacio sináptico es el origen y el blanco del manejo farmacológico: la dopamina tiene un transporte rápido con una comunicación débil entre la dopamina con sus receptores, el manejo de atomoxetina y metilfenidato es adecuado para revertir este proceso, sin embargo, debe hacerse un adecuado diagnóstico antes de iniciar los medicamentos.

Anatómicamente, el cerebro tiene una disminución en el volumen y la comunicación de varias áreas cerebrales: el lóbulo frontal, el lóbulo parietal, el cuerpo estriado, el cerebelo y el sistema de recompensa (área tegmental ventral y núcleo Accumbens) tienen disminuidas sus conexiones neuronales.

El cerebro de una persona con TDAH ejecuta sus funciones cerebrales superiores con rapidez, pero el rendimiento neuronal de esta área de forma rápida se desensibiliza, esto es lo que explica por qué se aburre. Cuando se le obliga a controlar-mantener la atención y la conducta, el impulso de optimización se entiende, pero al estar con atenuación neuronal, la atención prácticamente no se sostiene. Gradualmente, por cambio de la actividad tálamo cortical, la actividad motora corticoespinal está sobreactivada, además de que el cerebelo atenúa mucho la retroalimentación motora que la corteza le otorga, así como los ganglios basales y el tálamo, esto explica parcialmente la motilidad. En otras palabras, el cerebro no tiene el equilibrio necesario para mantener atención de actividad motora, por lo que a las personas con TDAH les cuesta trabajo preparar movimientos, controlarlos, secuenciarlos y seleccionarlos.

El cerebro con TDAH lucha mucho contra sus propias emociones, por entender y proyectar sus sentimientos. Por organizar y controlar sus frustraciones, con la impaciencia y problemática de entender la amistad y desaprobación de los demás. Debido a cambios en la actividad dopaminérgica, suelen no responder a la recompensa o a los reforzamientos positivos que la dopamina otorga. Los niveles de dopamina están disminuidos en la corteza del cíngulo, en los ganglios basales y en el tálamo. Los estímulos de recompensa no son adecuadamente reconocidos, por lo que las recompensas y las sensaciones de felicidad son débiles, no tienen un reforzamiento social; comúnmente no surten efecto al otorgar regalos o desarrollar la espera de un éxito. Una recompensa para un cerebro que tiene TDAH debe darse en el momento oportuno, fomentando cambios de actitud a partir de los adultos y personas que más los quieren; las contradicciones: son los padres, los tutores o los maestros, los que por momentos no fomentan, no cuidan, no aprenden a llevarse o entender a un niño que tiene TDAH. La gran mayoría de los padres se sienten tristes, culpables, y al mismo tiempo desatentos con sus hijos, señalan, mutilan psicológicamente y negocian el amor, cuándo es el momento en el que se debería prestar más atención a la conducta evitativa o altamente reactiva del niño con TDAH. La mejor compensación de dopamina para una persona con TDAH es entender que la tiene, pero es cuando necesita más comprensión y amor cuando el padre o madre debería expresar más dopamina ante los ojos de su hijo.

Existen pruebas diagnósticas psicológicas, estudios electrofisiológicos y de imágenes que ayudan al diagnóstico de TDAH, el recurso clínico es ahora limitado, debe ayudarse con pruebas infalibles y cuantitativas de medición del cerebro y la neuroquímica. No pueden, no deben excluirse herramientas para el estudio del TDAH. La experiencia del profesional es importante, pero el avance técnico nos indica que el mapeo cerebral y las imágenes cerebrales son fundamentales para realizar mejores diagnósticos.

Se ha identificado en el paciente con TDAH que después de un adecuado diagnóstico, 75% responde adecuadamente a la estimulación magnética transcraneal, 68% a la terapia de neuro retroalimentación. 34% de los pacientes tienen éxito solamente con terapia psicológica profesional. El tratamiento combinado entre terapia y medicamentos, vigilado y ajustando constantemente las dosis puede presentar mejoría de un 56% a 68%.

Sí, es posible atender, entender y manejar al TDAH.

LECCIÓN 60

El ostracismo

El ostracismo o la exclusión social impacta negativamente en nuestra autoestima.

Cuando una persona no nos mira a los ojos, omite mensajes, desvía su atención, nos hace "invisibles" en una reunión social, o se niega a trabajar con nosotros, nos excluye. Es esa sensación extraña de sentirse menospreciado, omitido o humillado. En estas condicione la autoestima disminuye significativamente. El comportamiento cambia y la sensación común es dolor moral. Comúnmente la persona que siente exclusión se siente víctima y genera un proceso de hipersensibilidad. En el cerebro se activan los centros del dolor, de tristeza y enfado. Aumenta la generación de estrés con altos niveles de cortisol y neurotoxina. La sensación de autocontrol disminuye, nos muestra vulnerables.

El ostracismo siempre se siente igual no importa si lo hace un familiar, amigo, compañero o desconocido. Si a este proceso se le otorga una explicación es más fácil superarlo, sin embargo, en la gran mayoría de los casos no tienen explicación.

La soledad desconecta neuronas, disminuye la producción de BDNF (por sus siglas en inglés: factor neurotrófico derivado del cerebro), disminuye la liberación de dopamina e incrementa la de cortisol, con el tiempo llega a disminuir el tamaño de la amígdala cerebral y aumenta el estado hipersensible conductual. El cerebro experimenta una sensación desagradable. Estos factores se asemejan al ostracismo. Por lo que algunos mecanismos de la soledad persistente tienen una gran relación con el ostracismo; así, el cerebro va minando sus capacidades, pues nuestro cerebro no está hecho para estar solo. Sí importa ser tomado en cuenta, valorar nuestras opiniones modifica nuestra conducta. La omisión de nuestra presencia social disminuye nuestra autoestima, generando culpa o vergüenza.

La sensación de exclusión u ostracismo genera una actividad de las neuronas del giro del cíngulo anterior y de la ínsula, creando un proceso de dolor constante sumado a incomodidad y hostilidad permanentes, necesidad de castigo o venganza inmediata, pero con el impacto de confiar menos en la gente y ser menos asertivos. Gradualmente, aumenta la detección de esta condición por parte de la corteza prefrontal. En un adecuado marco de salud mental, el ostracismo nos hace reaccionar y procuramos evitarlo, aprender de él, su experiencia es aleccionadora y al mismo tiempo nos hace reaccionar. Lo mejor es aprender de la experiencia, hablarla y no considerarla como dirigida, mejor es pulverizar el origen, entenderla como un evento desagradable, pero que esto no merme la confianza en nosotros.

LECCIÓN 61

Qué no hacer en un mal día

Existen días malos en nuestra cotidianidad, preocupaciones, problemas no resueltos, inquietudes, situaciones inesperadas, noticias que cambian la vida. En esas condiciones, la amígdala cerebral se activa en 350 milisegundos y su respuesta puede perdurar por minutos, horas o días. La actividad de la amígdala cerebral cambia la conducta, incrementando los niveles de atención, nos prepara para afrontar el altercado o en su momento la evasión; los niveles de neuropsina, una proteína que sobreactiva aún más a estas neuronas, predisponen el incremento de estimulación del hipotálamo para liberar hormona ACTH que a su vez genera un estímulo sobre la glándula suprarrenal para incrementar los niveles de cortisol, esta hormona incrementa la actividad neuronal predisponiendo una entrada de Ca^{2+} que incrementa los niveles de glucosa en la sangre.

¿Vale la pena estresarse o enojarse? La respuesta, desde la perspectiva fisiológica es: sí; es necesario hacer énfasis en que el enojo, el estrés son respuestas que ayudan a adaptarnos ante un estímulo o detonante negativo. El inconveniente es que esta respuesta debe ser corta, no mayor de 35 minutos para un enojo o 90 minutos si es una respuesta de estrés.

Los humanos tenemos estos mecanismos neuronales, hormonales y metabólicos para soportar los inconvenientes de la vida. Debemos cambiar la manera de lidiar con ellos, adaptarlos. Ya que si bien, tanto enojo como estrés son respuestas que se autolimitan con el tiempo, nuestros aprendizajes los pueden hacer que duren más tiempo. Esta lección busca disminuir los absolutismos que invitan a no llorar, a no enojarse o no estresarse, a reflexionar y admitir el enojo y el estrés, mencionarlos, entenderlos y adaptarlos.

Ante un ambiente hostil, de prisas y violencia, algunos pequeños detalles cognitivo conductuales pueden ayudar a evitar que el enojo o el estrés se prolonguen por más tiempo:

No ver el reloj: La activación de neuronas marcapaso del hipotálamo se activan ante la percepción del tiempo. Ver varias veces el reloj apunta a una mayor activación de la amígdala cerebral e incremento de cortisol. No es que busquemos controlar el tiempo, es que el paso del tiempo genera más encono y preocupación.

No tomes decisiones importantes en el enojo o estrés. Debido a que las neuronas de la corteza prefrontal están disminuidas en su actividad por el periodo estresante, no hay una adecuada percepción de los eventos. Carecemos de objetividad, la proyección social es inadecuada. Los limites se están perdiendo, una decisión en este momento, es de consecuencias negativas a corto plazo. No se soluciona un problema con la misma emoción con la que se generó.

Evita el café si estas estresado. La cafeína es un estimulador que incrementa al segundo mensajero AMP cíclico, esta molécula nos quita el sueño, activa corteza cerebral y disminuye la relajación. Las emociones con café se hacen más grandes o tardan más en adaptarse. Un café ayuda a estimularnos, pero no disminuye los errores que cometemos.

No seas esclavo de la prisa. Las prisas son la inadecuada adaptación a los tiempos, la subjetividad de las proyecciones. Tener prisa es una de las manifestaciones estresables que llevan al caos con mayor facilidad. Se asocia a un futuro catastrofista y generador de ansiedad. Atrás del enojo y frustración se encuentra la proyección de la prisa que indica la nula posibilidad de controlar.

Evita sitios oscuros. El cortisol necesita luz para disminuir, los sitios con poca luz o muy oscuros lo incrementan o es más difícil de controlar. Una discusión a oscuras es más caótica. Una pelea a oscuras es más riesgosa.

Evade sentirte culpable. La culpabilidad es un generador de dolor moral, de molestia crónica. En el momento de un problema no es adecuado buscar al culpable. El cortisol, la noradrenalina y la vasopresina sostienen esta conducta que evita el responder con asertividad. Si bien no es malo enojarse, mantenerlo sí es inadecuado. El sentir culpa mantiene el enojo y el estrés. Evita en lo posible las discusiones: no hay una sola verdad, ni verdades absolutas. Es posible cambiar, siempre se puede. Todo es relativo y subjetivo. Los problemas no son para comprenderlos, simplemente vive la experiencia, se aprende de ella.

No se discute cansado, no se resuelve cuando tenemos sueño. Tomamos malas decisiones cuando estamos privados de sueño o hay cansancio. Cuando el trabajo cognitivo es intenso y prolongado durante varias horas, se acumulan productos potencialmente tóxicos en el córtex prefrontal.

LECCIÓN 62

Venganza

Un infiel, un ladrón, un mentiroso:
¿Deben ser castigados?

El ser humano es una especie que vive en sociedad, tiene normas sociales para su función. Somos una especie altruista que convive y puede vivir entre seres humanos por mucho tiempo.

Sin embargo, una posición indebida, un acto injusto o una traición necesita ser castigada. Los seres humanos somos los únicos capaces de generar sentimientos de venganza. Sin justicia, castigo o venganza, la convivencia social sería muy compleja. En los niveles de venganza se tienen que ordenar los límites sociales. Se hace necesario limitar los juicios sumarios.

Justicia o revancha es la alegría que sentimos cuando un traidor es atrapado y se procesa su castigo. Sin embargo, somos una especie que no nos gusta ver sufrir a los demás, así que el nivel del sentimiento de sentirnos a gusto también va modificado por los frenos que ofrece la corteza prefrontal para evitar castigo innecesario. El ser humano siempre espera que las personas sean justas.

El cerebro humano es el sitio en donde la venganza se genera, se activan regiones corticales temporales, parietales, sistema límbico y tálamo que procesan dolor, recompensa, así como aquellas emociones que también participan en la toma de decisiones y proyecciones. La ínsula, la corteza prefrontal dorso lateral, el núcleo caudado están directamente relacionados con la sensación de venganza.

La empatía disminuye cuando se percibe algo injusto. Se siente alegría cuando hay dolor del culpable. En la medida que la persona es castigada el nivel de justicia se aprecia. Esto puede aliviar totalmente la necesidad de venganza.

La severidad del castigo también está relacionada con la percepción de la necesidad de generar justicia; una sociedad que tiene pensamientos y sentimientos de venganza requiere mecanismos para ofrecer legalidad. Sin embargo, las sociedades que procuran más justicia, también se han visto involucradas con actos de venganza, a veces injustificados.

LECCIÓN 63

No sé qué emoción tengo
(Alexitimia)

La alexitimia es la incapacidad de dar el nombre, la referencia o la descripción verbal a la emoción que sentimos con el evento detonante que la ocasiona, es, además, no saber interpretar la emoción de la persona con la que estoy hablando, no reconocer si alguien se enojó o está triste. En otras palabras, no sé qué tengo, pero tampoco sé qué tienes.

La alexitimia es un problema neuronal, cognitivo y emocional, es el resultado de cambios en la conectividad de varias regiones cerebrales que son importantes para la etiquetación, jerarquización y la descripción de las emociones.

Comúnmente, el conocimiento de nuestras emociones lo aprendemos y lo construimos plenamente por eventos de retroalimentación cultural y familiar, sobre lo que vemos, cómo se actúa ante las lágrimas, el enojo, el asco, etcétera; poco a poco vamos gestionando, etiquetando y copiando es-

214

tas señales, de tal manera que en emociones de cómo lloro, cómo me río o cómo genero una actitud de desagrado, en realidad muestra cómo se asimiló una etapa crítica de la vida (7 a 14 años); en este periodo, el giro del cíngulo (núcleo de las interpretaciones) genera conexiones neuronales con el hipocampo (área relacionada con la memoria) y la ínsula (sitio de proceso de dolor, etiquetación y reconocimiento de conductas).

La alexitimia es una conexión neuronal deficiente o inexistente, entre los sitios que generan emoción y los centros que la detectan, pero en especial el que la valora y le otorga su interpretación es el giro del cíngulo. Las personas con alexitimia sí tienen emociones, sí las desarrollan solamente que son incapaces para identificarlas o señalarlas por momentos. Pareciera que son personas excesivamente emocionales que pueden llorar o pueden enojarse, pero tienen una sensación de vacío. Cuando escuchan hablar de amor, desconfianza, miedo, no lo entienden. El cerebro no gestiona algo que no conoce.

La sensación de mariposas en el abdomen, llanto, cambios en la motilidad intestinal, opresión en el pecho o sudoración por una emoción, no pueden entenderlo, no lo conocen.

La alexitimia es muy frecuente, 1% de la población a nivel mundial lo experimenta. Es un desorden neurológico que se inicia la infancia. En la familia, en especial, los padres desempeñan un factor etiológico muy importante, ya que ellos desempeñan la guía, el aprendizaje y la connotación para la explicación de las emociones. La etiquetación de éstas se aprende, la comunicación del sistema límbico con los módulos de memoria se conecta entre los 7 a 14 años. Estas áreas cerebrales no se desarrollan adecuadamente cuando aparece en un escenario familiar y social violencia, agravios, golpes, humillaciones o violaciones, en otras palabras, la violencia social impacta negativamente en nuestro cerebro; esta es la razón por la que el giro del cíngulo no conectará adecuadamente con el hipocampo, la amígdala e ínsula y, por lo tanto, aunque se esté presente en el proceso de aprendizaje de una emoción, el cerebro es incapaz de etiquetar las emociones. La alexitimia es el resultado de un proceso violento o surge por desafortunadas indicaciones o presiones sociales en donde se señalaba violentamente la desaprobación emotiva: "no llores", "no te enojes", "no te rías"; a lo largo de la vida de esta persona, su cerebro indica que la emoción es inexistente, la desaprueba o la desestima.

Comúnmente si una persona ve un atardecer, la fotografía de un niño llorando o escucha una canción emotiva, suspira, llora o sonríe, y así mismo se dice lo que extraña, lo feliz que fue o la necesidad de repetir el evento. En alexitimia, cuesta mucho trabajo integrar la emoción o a partir de ella cambiar la conducta futura inmediata. La actividad neuronal del giro del cíngulo es débil o inexistente en estas personas.

LECCIÓN 64

El dolor de la migraña

La migraña es un tipo de dolor cuya característica fundamental es afectar solo un lado de la cabeza o de la cara, las características del dolor es que es pulsátil, intenso, comúnmente se acompaña de hipersensibilidad a la luz, náuseas que pueden llegar al vómito y es incapacitante. Los ataques de migraña pueden durar horas o hasta un día completo, y comúnmente interviene de manera negativa en la actividad cotidiana de una persona, impide la actividad laboral o escolar.

Algunas crisis de migraña tienen síntomas de advertencia llamados aura, es decir, esto se presentan antes del dolor intenso y pueden ser la presencia de destellos de luz, la aparición de puntos ciegos y la sensación de hormigueo en la cara, cuello, incluso el brazo.

Pero todavía peor es el hecho de que un día antes pueden aparecer pródromos, que se caracterizan por cambios en el estado de ánimo, incremento en la actividad de micción, estreñimiento o retención de líquidos.

¿Qué causa la migraña? en realidad el dolor es por un cambio vascular, los vasos sanguíneos que se encuentran en las meninges se hacen más grandes para que llegue más sangre al cerebro. Es decir, el dolor es por una mayor llegada de sangre a la cabeza.

El proceso inicial tiene antecedentes, grupos neuronales al trabajar más y con gran actividad desencadenan un incremento en el consumo de glucosa y oxígeno. Una zona hiperactiva en el área visual del cerebro consume mucho oxígeno y esto detona la necesidad de mayor llegada de sangre. Estudios clásicos indican que inicialmente una hipoxia o disminución del aporte de oxígeno es el detonante, pero en realidad es que, al trabajar más esa región del cerebro, la demanda hace que el aporte de sangre sea masivo como compensación.

El incremento de la actividad neuronal de la corteza visual va acompañado también de activación del hipotálamo y del tronco cerebral. Al irse incrementando el tono vascular y la llegada de sangre, el dolor en realidad es un incremento en la actividad del nervio trigémino y de nervios de la médula espinal que están detectando los cambios vasculares, el aumento del grosor de arterias y venas activan a los nervios trigémino y cervicales, el dolor es una vena de la meninge de mayor calibre.

La sobreactivación neuronal se acompaña de despolarización que es tan grande que se incrementa la liberación de potasio y glutamato, esto exacerba la irritación neuronal y la señal de dolor. Cambios en la temperatura en especial el calor, el estrés, el hambre, la sed son detectados en el hipotálamo y también parte del mesencéfalo, y en consecuencia también pueden ser detonantes de la migraña.

La migraña tiene un componente genético que principalmente relaciona a la liberación de glutamato y la recaptura/transportador de este neurotransmisor. Además, el cromosoma 19 está involucrado directamente en la liberación de noradrenalina, dopamina, acetilcolina que predisponen a la generación de cambios vasculares en las crisis, de tal manera que, es posible que los pacientes con migraña liberan mayor cantidad de glutamato y son más sensibles a los cambios vasculares.

LECCIÓN 65

La fiebre inicia en el cerebro

La temperatura corporal promedio del ser humano es de 36.5 a 37.5°C, mayor a esta última cifra se llama hipertermia; específicamente entre 37.6 a 38°C le denominamos febrícula, propiamente después de los 38°C se le designa fiebre. La fiebre es un signo que indica que nuestro cuerpo se está defendiendo de un ataque de bacterias o virus, de una infección, tener fiebre es que el sistema inmunológico está activo y está de nuestro lado, la fiebre genera: 1) incremento en la división celular (mitosis) de las células inmunológicas; 2) producción de sustancias (interleucinas) que promueven inflamación y migración de leucocitos en la zona donde se encuentran las bacterias o virus a su vez, cascadas de activación inmunológica; 3) producción de anticuerpos (inmunoglobulinas) que son fundamentales para la lucha contra agentes ajenos a nuestro cuerpo y para desarrollar la memoria inmunológica. Si bien la fiebre es un signo de enfermedad, debemos entenderla como el inicio de una lucha y un mecanismo de defensa de nuestro cuerpo, el cual no deberíamos suprimir sin ayudarle.

Comúnmente nuestro cuerpo hospeda bacterias, hongos, virus y parásitos, es normal que vivan esos microorganismos, pero debemos tenerlos a raya; solemos vivir con ellos de una manera de beneficio recíproco, saprofita; por ejemplo, estos huéspedes nos defienden del ataque de otras bacterias, más agresivas, por lo que es adecuado que vivan en nuestra piel, mucosas, intestino, o vías respiratorias cierto tipo de microorganismos. Una infección inicia cuando se rompe este equilibrio entre microorganismos y nuestro sistema inmune.

La fiebre no es solo por una infección, otras causas "no infecciosas" pueden generarnos la fiebre como una enfermedad autoinmune, un trombo (coágulo) en una vena o arteria, un ambiente muy cálido (insolación), enfermedades como leucemia, cáncer, y algunos medicamentos: anticonvulsivos, anfetaminas, antibióticos, antihistamínicos, la abstinencia a ciertos medicamentos o sustancias como el alcohol y las benzodiacepinas; la fiebre puede aparecer en ansiedad o hipertiroidismo.

El centro regulador de nuestra temperatura se encuentra en nuestro cerebro, es el hipotálamo, el cual es un termostato que adecua la temperatura corporal en el horario, actividad y demanda física.

Ante una agresión por agentes infecciosos, se producen citosinas e interleucinas como resultado de fracciones de virus, membranas de bacterias o proteínas asociadas a microorganismos, la interacción de un pedazo de bacteria o virus a una proteína de unión (la LBP), se une a los macrófagos (células inmunológicas) e inmediatamente producen interleucina 1 y 6 (IL1 e IL 6) y factor de necrosis tumoral alfa (TNF a), en el cerebro estas interleucinas la producción de prostaglandina E2 (PGE2) por parte de la microglía. La PGE2 actúa en el hipotálamo en los núcleos paraventricular y en el área pre óptica medial, estos dos núcleos del hipotálamo son los principales termorreguladores. Se ajustan los procesos para mantener la temperatura en un valor nuevo y más alto, llamado "valor de referencia" (set-point), un valor establecido por medio de la frecuencia de generación de potenciales de acción en las neuronas termorreguladoras. Es decir, a más elevación de la PGE2 hay más fiebre, lo cual habla de la cantidad y diversidad de microrganismos que nos están afectando.

La fiebre tiene su núcleo central en el hipotálamo, el centro regulador y termostato de nuestro cuerpo. A las sustancias que generan la producción de PGE se les conocen como pirógenos, por eso todos los medicamentos que inhiben la producción de PGE son antipiréticos y reducen la fiebre.

Los niños tienen un sistema inmunológico poco experimentado, generan fiebres más elevadas con mayor frecuencia. La fiebre incrementa las condiciones de estrés celular, induce muerte celular, infartos, en las neuronas predispone a un incremento de la actividad de dichas neuronas por lo que puede generar convulsiones, esto debido al incremento del potencial de equilibrio del sodio y el potasio, esto traduce a una mayor excitabilidad y hacer que la célula se active tanto que puede llevarla a la muerte. La temperatura superior a 40°C cambia la función y forma de proteínas de nuestro cuerpo (desnaturalización). De ahí que el mismo hipotálamo contraregule de manera inmediata la temperatura.

LECCIÓN 66

Enojo o miedo

Comúnmente el cerebro acostumbra a mezclar emociones en situaciones detonantes en las que se encuentra en riesgo, en toma de decisiones o ante crisis. Los estudios de imágenes cerebrales muestran que las emociones que más activan redes cerebrales son el enojo y el miedo. Ambas activan varias áreas cerebrales, aunque el enojo establece una mayor actividad en tiempos cortos.

En el análisis de la expresión facial, en menos de 500 milisegundos, es posible cuantificar los movimientos musculares de la cara durante emociones como el miedo o el enojo. Estas evidencias anatómicas y psicológicas muestran que el enojo es una de las emociones que puede establecer la solución más rápida de un problema respecto a lo que el miedo ofrece. El enojo activa áreas cerebrales que motivan atención, libera más noradrenalina y establece situaciones de atención de latencia corta. En contraste, el miedo hace un evento más largo en respuesta neuronal el cual puede esperar por más tiempo una solución.

A nivel metabólico, el miedo genera incrementos de presión arterial por más tiempo, con periodos prolongados de cortisol; si esto se asocia con actividad extendida de la amígdala cerebral, es una de las bases metabólicas que explican por qué el miedo se asocia a pérdida del control e inducción de caos en ideas y errores al generar atención en detalles, esta emoción evade estímulos; la ansiedad se relaciona con ideas repetitivas, obsesivas y lenguaje monotemático. En contraste, el enojo inmediatamente incrementa la presión arterial y el cortisol disminuye gradualmente, si bien el enojo puede quitar en la primera etapa congruencia y objetividad, otorga elementos para memorizar, luchar y poner atención en los detalles. El enojo se asocia con irritación y requiere una respuesta inmediata.

LECCIÓN 67

Envejecimiento y memoria

Perder memoria va ligado al número de neuronas activas y conectadas que ya no tenemos. Nadie aprecia a su memoria hasta que la pierde. En paralelo a nuestro envejecimiento es muy frecuente que la memoria falle.

Al nacer un bebé tiene un promedio 100 000 millones de neuronas en su cerebro, en promedio a los 35 años de edad tenemos 86 000 millones de neuronas, pero a partir de los 40 años de edad en promedio, disminuimos estas neuronas porque tenemos una pérdida constante 5 000 a 50 000 neuronas por día. Este número es para considerarse, ya que a los 50 años habremos perdido el 5% del grosor de la corteza cerebral, pero a los 60 años será el 10%, es decir 5% de pérdida cada 10 años. Las diversidades de estímulos conectan estas neuronas; una mayor cantidad de aprendizaje, experiencias y detonantes, conectan más neuronas, además del número de neuronas que tenemos conectadas y mantienen esa conexión.

El ser humano, entonces, poco a poco y gradualmente empieza a perder neuronas del cerebro, esto se asocia al descenso de la actividad metabólica. Específicamente en el lóbulo frontal es la zona que disminuya con mayor énfasis la densidad neuronal. Es en esta parte del cerebro, donde se encuentran las funciones cerebrales superiores, codificamos, desarrollamos y proyectamos a la memoria, así como tomamos decisiones. Perder información de esta corteza incide directamente sobre la memoria. Esto es una evolución normal en todas las personas de este planeta. En contraste, las personas que desarrollan enfermedad de Alzheimer, pierden principalmente neuronas en el hipocampo. De tal manera que la memoria que pierde una persona senecta es diferente respecto a aquellas que tienen la enfermedad de Alzheimer.

Una persona promedio cuando envejece, al cuestionarle fechas, nombres o detalles específicos, si olvida algo, se le puede auxiliar a recordar la información que le cuesta trabajo solicitar a su cerebro, entonces se acuerda de ella y sonríe al recordar, a esto se le llama errores aparentes. Pero una ayuda o sugerencia, para una persona que tiene enfermedad de Alzheimer no se logra porque no puede recabar la información. Ésta ya no es accesible. Entonces se habla de un error auténtico.

Las personas que comen adecuadamente, duermen más de seis horas, tienen vida sexual activa, leen a diario, escuchan música, realizan juegos de mesa o arman rompecabezas, hacen ejercicio físico, aprenden cosas nuevas, tocan un instrumento, tienen un contacto social diversificado y son más activos intelectualmente; tienen un sustrato neuronal protegido en contra del envejecimiento, respecto a aquellos que no han hecho una inversión intelectual, o definitivamente están inmersos en el sedentarismo, en la ingesta de alcohol o de fumar cigarros. El impacto de la pérdida neuronal es evidente a partir de los 50 años de edad.

Utilizar estrategias para recordar pequeños detalles es fundamental. El ejercicio intelectual a través de simples juegos, ecuaciones mentales, recordar el nombre de una canción o el nombre de una persona, son de los mejores generadores para mantener a las neuronas en nuestra corteza prefrontal. No es que tratemos de volver a utilizar una memoria íntegra o procurar recordar todo lo que hacemos, se trata de jerarquizar la información para ir atenuando los efectos del envejecimiento en nuestro cerebro.

LECCIÓN 68

Perder la memoria: cómo saber que inicia el Alzheimer

La memoria es la capacidad que tiene el cerebro para almacenar codificar y recuperar información. Es una función neuronal esencial para el aprendizaje y la supervivencia.

Desde la perspectiva neuroanatómica, está relacionada con el hipocampo y la corteza prefrontal. El hemisferio cerebral derecho está relacionado directamente con el significado de las palabras, pero la utilidad y la manera como se utiliza para el lenguaje es en el hemisferio izquierdo, que resulta categórico en su función.

Existen varios tipos de memoria:

La memoria sensorial (recordar un olor); la *memoria a corto plazo*, la cual se puede subdividir en cuatro distintas:
- *Visoespacial* (cuando vemos algo y se queda como foto en nuestro pensamiento).
- *Episódica* (conocimientos vinculados a circunstancias o cuando se recuerda una conversación).

- *Fonológica* (recordar una clave o un número telefónico) y
- *Ejecutiva* (actividades que suman para aprender gradualmente algo nuevo).

Y la *memoria a largo plazo*, la cual se puede dividir en
- *Explícita*: reconocimiento de lugares, personas.
- *Semántica:* asociar con lógica para comprender, ¿lugar en donde se ubica la Torre Eiffel?
- *Episódica*: sucesos importantes: la primera vez de algo, ejemplo: el día de mis 15 años.
- *Implícita*: se queda en la mente sin ser conscientes, tocar una puerta, andar en bicicleta.

La memoria tiene tres procesos neuronales progresivos e inherentes entre ellos para construirla: codificación, almacenamiento y recuperación.

El proceso de codificación, se hace de manera consciente, depende mucho del estado neuroquímico (más dopamina: más memoria), nutrición, descanso, emociones. Después de la codificación continúa el almacenamiento, el cual es un evento de cambiar redes, conexiones y las frecuencias de actividad de las neuronas, en especial en el hipocampo; gradualmente el glutamato, la acetilcolina y el GABA son neurotransmisores que tienen que trabajar en secuencia para que paulatinamente las sinapsis cambien y se establezca el mecanismo de retener la información en un diálogo entre neuronas, se sintetizan proteínas y se establece el recuerdo en nuestro cerebro. El proceso de recuperación consiste en regresar al evento y cada vez que lo recordamos le vamos cambiando detalles, sumando o restando información.

El estrés o la ansiedad prolongada, algunos antibióticos, el envejecimiento, el insomnio, el tabaco, el alcohol o dietas deficientes de proteínas alteran la codificación, el almacenamiento y la recuperación de la memoria; una vida con malos hábitos incide directamente en la memoria.

Cuando la codificación de la memoria es deficiente indica que la información no se almacenó, lo más común es que nuestra atención no estuvo presente o no hubo emoción importante asociada con la información, este es el error más común; es decir, no recordamos el lugar exacto de un objeto, perder detalles, olvidar el nombre de alguien que recién conocimos es un dato característico del cansancio extremo o estrés prolongado. En contraste, cuando se ha aprendido algo, cuando incluso se es experto y después ya no se puede recordar, es decir, cuando la persona tenga dificultades específicas en el proceso de recuperación, el hipocampo es la zona involucrada y por la manera que sucede, es el dato que caracteriza a la demencia de la enfermedad de Alzheimer.

LECCIÓN 69

Blackout: apagón de memoria, cuando el alcohol secuestra la mente

Escenario 1: Raúl está golpeado, con los puños tensos, ofuscado, su ropa sucia, frente a él se encuentra noqueado en el piso Mario, su mejor amigo, ambos han sido protagonistas de una riña; están rodeados de personas que no conocen, algunas azuzando a continuar la pelea, otros grabando con sus teléfonos móviles, otros más son atónitos testigos. Como si despertará de un sueño, una pesadilla, de repente se pregunta ¿qué está pasando?, su último recuerdo de esa noche fue que Mario y algunos amigos estaban disfrutando una velada fabulosa en un bar, entre risas y anécdotas, y de repente, estaba en una horrible escena de violencia. Todos habían bebido alcohol esa noche.

Escenario 2: Cuando María despertó, se aterró: estaba semidesnuda en una recámara que nunca había visto, al lado estaba recostado un hombre que no conocía ¿o sí? Era evidente lo que había pasado ahí, pero ella en su memoria no tenía registro de como llegó a esa cuarto, a esa casa ¡y con ese hombre! Su angustia era mayúscula al no saber la ubicación, su teléfono no tenía batería, ¿qué hora era? y como saldría de ese cuarto, "¿qué hice?", se preguntaba tantas veces... En profundo silencio y con cuidado, se vistió, recogió sus pertenencias, cerró la puerta con mucho temor; al estar en la calle, entre un suspiro profundo al ver el sol y con un poco de calma, pero sin recordar aun, tomó un taxi, en medio de una angustia indescriptible, se dirigió a su casa. Un recuerdo empezó, ella había bebido con amigas la noche anterior, cuando un hombre atractivo se acercó al grupo de mujeres.

Escenario 3: "¡Contéstame!", le ordenaba su madre a Luis, casi un adolescente. Luis estaba detenido en la estación de policía. Arrestado con un grupo de amigos que habían decidido entre ellos, entrar a la tienda de conveniencia por más alcohol y golosinas, después, una nube, no recuerda más, hasta tener frente a él a su madre colérica y llorando. "¿Qué hiciste?"

Los tres escenarios describen un *blackout* o apagón de memoria.

¿Qué es un *blackout*?

La respuesta se refiere a la incapacidad para recordar eventos que ocurrieron en nuestra realidad durante un episodio de consumo de alcohol, es decir, una absoluta incapacidad memorística durante o después de ingerir bebidas alcohólicas. Los apagones de memoria no implican la pérdida del conocimiento, sino que consisten en el efecto perturbador de ingerir alcohol sobre la formación de recuerdos; vemos pasar escenas, eventos o experiencias y de repente sentimos que despertamos y sin capacidad de recordar nada o retener información reciente, aunque aún estemos en el escenario o con las personas involucradas; es la sensación de "tiempo perdido" "aprensión" "angustia" por preguntarnos: ¿Qué sucedió? ¿Qué hice? ¿Qué pasó?

Los bebedores de alcohol durante el *blackout* son capaces de mantener conversaciones razonables, actividad física y participar en actividades elaboradas. Las personas mientras beben, pueden tener una conversación lógica, caminar, conducir un vehículo y de repente asombrarse de haberse perdido en el tiempo.

Este es un síndrome de amnesia global transitoria en el que se desarrolla la incapacidad para retener información nueva. No es necesario estar completamente intoxicado por alcohol para tener un apagón.

¿A quiénes les sucede con más frecuencia?

A las personas que beben alcohol y se asocia con:
- datos de desnutrición.
- bajo peso y talla.
- durante o posterior a fatigas extremas.
- insomnio prolongado.
- una alta tolerancia al alcohol.
- cuando se tiene el estómago vacío.
- antecedentes de traumatismo craneoencefálico.
- pacientes que ingieren benzodiazepinas.
- al consumo de marihuana.
- ingesta de alcohol a edades tempranas, como la adolescencia.
- mujeres jóvenes con antecedentes de abuso sexual.
- un embarazo cuya madre ingirió alcohol, ahora sus hijos son más susceptibles.
- genes de la enzima que degrada al alcohol: alcohol deshidrogenasa, de baja actividad, lo que hace que poco alcohol tenga más efecto.

¿Qué sucede en el cerebro en un *blackout*?

El alcohol afecta distintas funciones cerebrales a diferentes velocidades, gradualmente el rendimiento cognitivo y de la memoria se afectan de manera desigual por la concentración de alcohol en sangre ascendente.

La memoria episódica o de reconocimiento, se ve particularmente afectada. El alcohol reduce selectivamente la codificación de los aspectos cualitativos de un evento que contribuyen a la experiencia de recuerdo. Anatómicamente, la ingesta progresiva de alcohol reduce la activación prefrontal derecha (no se codifican los objetos, caras, nombres), se interrumpe la activación bilateral de los hipocampos, es decir memoria y reconocimiento en serie, se desconectan. En el hipocampo, en especial en el área CA1 los códigos neuronales se modifican, la memoria cambia, no se activan las redes neuronales de captura. El alcohol tiene varios y diversos efectos en el cerebro, cambia la secuencia de liberación de la serotonina, de endorfina, así como de la norepinefrina y la acetilcolina e incrementa la actividad de la dopamina a bajas dosis; al incremento de alcohol en la sangre aumenta la inhibición de la corteza cerebral al aumentar la actividad del GABA, reduce la función del receptor NMDA, por lo que el glutamato no activa diversas áreas cerebrales, estos dos efectos son los que bloquean en secuencia la memoria. El ritmo neuronal theta, que se comporta como un filtro cognitivo se pierde por el alcohol. En otras palabras, el alcohol no permite adquisición de información por lo que no consolida lo que sus ojos y oídos capturan. Se pueden recordar algunas cosas del pasado, pero pasar desapercibido lo más reciente. No hay código de registro/codificación por lo que no se interpreta, por lo tanto, no hay consolidación de los hechos en nuestra memoria, se viven las experiencias sin registro en la memoria.

Diferentes tipos de *blackouts*

Se han distinguido dos tipos de apagones de memoria:

De tipo completo o "en bloque", o incapacidad total para recordar eventos, no es clara la situación, en circunstancias sin alcohol, el evento habría sido memorable.

De tipo parcial o fragmentario, en donde la pérdida de memoria es incompleta y es posible recordar algunos detalles con el tiempo. Estos son los más frecuentes.

Datos importantes de los *blackouts*

Los *blackouts* son más frecuentes en la noche y los fines de semana, esto asociado a los factores sociales por la ingesta de alcohol en fiestas o reuniones.

Son más comunes en celebraciones como el festejo de la independencia, la revolución o en las fiestas decembrinas.

Son más frecuentes en jóvenes, esto puede guardar una predicción de daños neuronales relacionados con el alcohol.

Durante mucho tiempo se pensó que el alcohol ejercía un efecto depresor general sobre el cerebro. Son solo regiones específicas selectivamente vulnerables a los efectos agudos del alcohol.

35 a 40% de las personas que beben alcohol alguna vez han experimentado un *blackout*.

¿Hay algo que evite que esto suceda?

El adagio básico de las neurociencias: entre menos alcohol, es mejor.

El café: la cafeína y agentes relacionados incrementan la actividad del receptor de adenosina A2A y a la acción de la enzima fosfodiesterasa lo que incrementa la actividad de las neuronas corticales, el café nos despierta, pero no evita cometer errores.

Si se consume alcohol, que no se haga rápido o en ayuno: con moderación y cuidando las dosis.

No hay reglas, pero un *blackout* puede llevar a otro.

LECCIÓN 70

Diabetes y neuronas periféricas

El cerebro es el órgano con el que pensamos, memorizamos, nos adaptamos a este planeta y proyectamos nuestra vida en el futuro. Constituido por neuronas, el cerebro tiene una capacidad de comunicación a través de neurotransmisores, hormonas, péptidos y sustancias que, siendo ajenas a él, también pueden cambiar la función neuronal.

Nuestras neuronas dialogan de manera inmediata y constante con los sistemas inmunológico y endocrino. El resultado de esto puede incidir, ante una inadecuada actividad de adaptación de nuestras neuronas a un problema y generar una inmunosupresión por una depresión o en su defecto, incremento de los niveles de glucosa en la sangre, es decir, el cerebro puede cambiar la actividad inmunológica o alterar el equilibrio de nuestro organismo por modificar la liberación de nuestras hormonas.

¿Qué es la sustancia P?

La sustancia P es un neuropéptido pequeño compuesto por 11 aminoácidos, del grupo de las taquicininas, relacionado con neuronas sensitivas y mantenimiento de la presión arterial, esta sustancia está involucrada directamente con la motilidad intestinal, el procesamiento de dolor, la inflamación en el abdomen, la vasodilatación; la sustancia P, puede ser un neurotransmisor, en su defecto neuromodulador (cambia la función de otro neurotransmisor de manera indirecta) o incluso puede ser una hormona. La diferencia entre una hormona y un neurotransmisor es que la hormona viaja por la sangre y sus efectos son a distancia; a diferencia, el neurotransmisor solamente se queda en el espacio sináptico, en medio de las neuronas, con actividad en la membrana postsináptica.

En los nervios periféricos, aquellos que llegan a las glándulas y lo inervan, se liberan sustancias P, el sistema nervioso autónomo cambia la actividad del hígado, el páncreas y las glándulas suprarrenales para que éstas y sus hormonas se adapten de manera adecuada a la actividad cotidiana.

El páncreas y la diabetes

En condiciones fisiológicas, el páncreas libera insulina cuando ingresa a nuestro cuerpo glucosa, es decir, cuando comemos algún alimento. Con ello la insulina le permite la entrada de la glucosa al hígado, a los músculos y al tejido adiposo, se busca garantizar la formación de energía y cuando se tiene un exceso, se almacena como glucógeno. Sin insulina la glucosa no ingresa a las neuronas, lo cual inicia un deterioro celular, una emergencia metabólica y en un proceso crónico la enfermedad de la hiperglicemia se le llama diabetes. En los pacientes con altos niveles de glucosa, por arriba de 180 mg/

dl, el riñón no puede reabsorber su filtración, por lo que al ser osmóticamente activa, la salida de glucosa se acompaña de líquido, por eso una persona que inicia su diabetes puede presentar las tres P: 1) poliuria (orinar mucho) 2) polidipsia (tomar mucha agua por la sed extrema, porque pierde volumen y tiene deshidratación celular); 3) polifagia (comer en exceso), tener mucha hambre se debe a que el hipotálamo da la orden de comer porque se detecta que no hay glucosa, no obstante a que está circulando en la sangre, solo que no puede entrar a la célula pues no hay insulina.

Sustancia P, páncreas y diabetes

El páncreas tiene una gran inervación de nervios periféricos que le están liberando sustancia P; se ha identificado que en la diabetes disminuye la cantidad de sustancia P y entonces la liberación de insulina se reduce; en contraste, otorgar pequeñas cantidades de sustancia P, restablecen adecuadamente los niveles de insulina ya que el páncreas con poca sustancia P incrementa su función por semanas y meses. Esto abre una nueva línea de estudio en la neuroendocrinología.

De manera interesante, otorgar sustancia P para el manejo de la diabetes, puede ser un tratamiento coadyuvante para el control de la diabetes y también otorga una nueva discusión sobre el origen de la diabetes: casi 80% de los diabéticos tienen previamente al inicio de la diabetes alteraciones en la actividad de su sistema nervioso central: estrés, emociones intensas, preocupaciones, trastornos relacionados con la conducta, ansiedad, irritabilidad, que poco a poco se van convirtiendo en los detonantes de la aparición clínica de la diabetes. Es posible que en un inicio estas sean las causas de los cambios de la sustancia P en las terminales nerviosas que llegan al páncreas.

LECCIÓN 71

¿Qué es la barrera hematoencefálica?

Una barrera efectiva que no es perfecta

El cerebro tiene una protección para sustancias peligrosas y de agentes patógenos. Una barrera que es selectiva, pero que también puede afectarse, una barrera que le otorga selectividad a medicamentos y diversas sustancias, pero también impide la entrada de moléculas nocivas, evita que las bacterias y los virus lleguen al cerebro. Esta barrera es selectiva para procesar factores que ayuden al cerebro y al sistema inmunológico.

La barrera hematoencefálica es una suma de varias células, está hecha a partir de células endoteliales (de la misma arteria), es decir de la pared del vaso, que tienen una unión diferente al llegar al cerebro, además de unas células especializadas que se llaman pericitos y de otras células que ya son parte del sistema nervioso central, que no son neuronas, pero que intervienen en el metabolismo de todo el cerebro y los astrocitos, es decir, la barrera hematoencefálica está hecha por tres diferentes tipos de células. Además, dicha barrera tiene una gran cantidad de transportadores, proteínas selectivas que se utilizan como seleccionadoras de lo que pasa al cerebro y de lo que no para después liberarlas hacia el espacio en donde se encuentre la neurona.

La barrera hematoencefálica está relacionada con funciones inmunomoduladoras y factores de crecimiento.

La barrera es permeable para oxígeno y dióxido de carbono, de manera paradójica también la pueden atravesar sustancias nocivas, como la nicotina, la heroína, el alcohol o el éxtasis. Es impermeable para la gran mayoría de proteínas que están en la sangre. Cuando la barrera hematoencefálica es atravesada, el proceso de selectividad se pierde gradualmente, como un caballo de Troya cuando el enemigo la atraviesa, así la barrera va modificando lentamente su permeabilidad, es decir, que entre más se le engañe y se le haga permeable a ciertas sustancias que antes no lo hacía, paulatinamente pasan hacia el cerebro. Muchos patógenos como bacterias y virus pueden hacer vulnerable la barrera, dejando pasar de manera paralela lo que antes no pasaba, iniciando trastornos.

El sistema inmunológico puede cambiar a la barrera hematoencefálica, esta es la razón por la cual algunas enfermedades autoinmunes terminan destruyendo la mielina de nuestras neuronas. Esto no sucede normalmente, pero al ingresar los macrófagos y los linfocitos T al cerebro, esto no debe suceder, si la barrera está lesionada se inicia la catástrofe de desmielinización.

Para que un medicamento pueda atravesar la barrera hematoencefálica, debe ser menor a 500 Daltons, es decir moléculas pequeñas de características liposolubles; ¿cómo es posible que moléculas incluso más grandes que los neurotransmisores, atraviesan la barrera hematoencefálica? La respuesta es simple, se debe específicamente a que saben camuflajearse y unirse a proteínas de transporte, la más común es la glucoproteína P. Esto explica por qué un neurotransmisor que se inyecta en la vena no pasa la barrera hematoencefálica y medicamentos más grandes si lo hacen.

LECCIÓN 72

La ludopatía en el cerebro de hombres y mujeres

¿Qué es la ludopatía?

La ludopatía es el trastorno patológico de la adicción al juego de apuestas o a los juegos de azar, en los cuales conmina el apostar y planificar actividades con dinero con el deseo de tener una ganancia monetaria inmediata. La ludopatía es un trastorno adictivo caracterizado por un comportamiento persistente y recurrente. La persona quiere ganancias inmediatas con el riesgo latente de perder; el ludópata es incapaz de resistirse al impulso de jugar, esto lo puede llevar a movilizar grandes cantidades de dinero y con mucha frecuencia a la pérdida de su economía. En el curso temporal de los hechos aparece la pérdida del trabajo y diferentes tipos de delitos (robo, fraude o desfalcos).

La conducta es repetitiva, nociva, lo cual poco a poco lleva la persona a perder las riendas de su vida, sentirse perseguida y con una gran carga de culpa. La persona con ludopatía no tiene diversión en otras cosas. Como cualquier otra adicción, se desensibiliza una ganancia, niega que se tenga el problema o la adicción, la conducta del juego se convierte en algo fundamental e importante en su vida, se aísla de las relaciones interpersonales y las sumas de dinero con las que cada vez juega suelen ser más grandes. Es un hecho que intenta recuperar el dinero perdido, jugando más, hasta aparecer datos de depresión y tendencias suicidas por no arreglar el problema.

El perfil de la ludopatía en el varón y la mujer es diferente

En la mujer, el trastorno se caracteriza por preferencia a utilizar máquinas tragamonedas, jugar lotería o bingo. Su principal motivación es utilizar el juego de apuestas para afrontar problemas personales o por tener un trastorno de ánimo como comorbilidad. La mujer ludópata es comúnmente introvertida, asocia depresión primaria, sintomatología ansioso-depresiva y tiene antecedentes de tener abuso en la infancia. Suele empezar a jugar de manera tardía, es decir, después de los 25 años de edad, pero su progresión en la adicción al juego es mucho más rápida. La mujer ludópata suele asociar episodios de bulimia, problemas psicosomáticos y depresión; es solitaria y tiene actitud de vergüenza ante el problema.

La ludopatía es una estimulación constante del área tegmental ventral, núcleo accumbens y el área prefrontal. Es una adicción progresiva e irreversible cuando es crónica. La dopamina se incrementa con tan solo saber la posibilidad de ganar dinero con un factor muy simple: la intuición. El principal problema es que el ludópata no se ve como enfermo o con un trastorno, cuando en realidad su cerebro demanda dopamina de la única manera que él cree que vale la pena: ganando a través de apuestas.

Los varones suelen apostar con más frecuencia a resultados de juegos de futbol, carreras de caballos o competencias. Ganar para el varón es motivación de sentirse poderoso. Cuando gana dinero es impulsivo y busca sensaciones nuevas a través de nuevas estrategias y juegos. Comúnmente, el varón en paralelo al juego de apuestas abusa del alcohol, las drogas, el tabaco y tiene conductas antisociales. Su progresión es lenta, pero empieza a jugar desde edades muy tempranas, incluso desde la adolescencia. Suele pasar que los varones tienen más problemas con la justicia, conductas temerarias y depresión asociada. Por lo común sus actitudes son activas y arrogantes.

LECCIÓN 73

El poder neurobiológico de la sonrisa

La sonrisa es la expresión de la dopamina, oxitocina, serotonina, noradrenalina y beta endorfina en nuestro cerebro. Es la expresión de la actividad de 17 músculos en nuestra cara y del estado de ánimo de nuestras neuronas. Antes de los 25 años, el ser humano ríe al día 300 veces, después de los 50 años de edad, solo llega a reír entre 80 a 100 al día. Sonreír tiene el poder de disminuir en menos de 2 minutos el cortisol y aliviar el estrés. Socialmente la sonrisa abre la comunicación, disminuye la resistencia y tensión social.

La sonrisa tiene un excelente efecto en la memoria y en favorecer las relaciones humanas, los rostros sonrientes se retienen más en nuestros recuerdos comparados con las caras que no expresan emoción o están enojados.

Cuando una persona llega por primera vez a nuestra vida y nos sonríe, el impacto de las primeras palabras es mucho más fuerte si existe una sonrisa. Se activan más áreas cerebrales, pero en ambos cerebros, la liberación de dopamina se genera y en consecuencia cuantifica un proceso de mayor atención a la cara y los detalles del mensaje de la voz. En condiciones de altos niveles de dopamina, la memoria se facilita.

Estudios de resonancia magnética muestran que una sonrisa activa en menos de 500 milisegundos zonas de neuronas relacionadas con el aprendizaje, específicamente, se activan la región órbito frontal y el hipocampo. Además de agrupar la actividad de la amígdala cerebral. El cerebro humano es extraordinariamente sensible a las señales sociales positivas, a la voz humana y a la prosodia de nuestras palabras. Una sonrisa, tiene la capacidad neurobiológica de disminuir el temor, reducir la sensación de miedo o cambiar las condiciones para limitar el estrés, las personas sonrientes tienen asegurado un futuro inmediato de mejor interacción y mayor atención de las personas que la ven.

LECCIÓN 74

Olvidar es importante

¿Te has equivocado de la clave para entrar a tu correo electrónico?, ¿has olvidado el pago de la tarjeta de crédito?, ¿le has cambiado el nombre a una persona de manera involuntaria? o finalmente ¿no encuentras el lugar en donde estacionaste el auto después de salir del centro comercial?, no deberías preocuparte mucho de esto, en realidad no es una demencia como tal, si es esporádico es parte de cómo tu cerebro está activando varias cosas al mismo tiempo. Estos son datos de que la memoria a corto plazo se está modificando. El olvido es parte del proceso de consolidar memoria, por más contradictorio que se lea y se entienda, es necesario contrastar fisiológicamente el olvido de la memoria.

Los niveles de estrés, ansiedad, glucosa y ausencia de sueño envuelven directamente el estado fisiológico de nuestros recuerdos, la memoria disminuye ante cualquier estado fuera de la línea base con la que aprendemos. Cuando la memoria a corto plazo no sucede, se dificulta o se bloquea, se debe a que estamos utilizando neuronas para ejecutar otras acciones, con ello excluimos, por momentos, los datos o factores memorísticos; el cerebro toma la jerarquía de importancia y siempre estará a favor de los eventos o información más importante.

La memoria a corto plazo es manipulable en la información que recibe, se facilita al inhibir la construcción y ejecución de la memoria a largo plazo cuando ambas se activan en paralelo, es decir: para la memoria siempre es mejor una sola cosa a la vez. Es por eso que por momentos si bien nos acordamos de algo, nos cuesta trabajo traer una información más valiosa. Necesitamos tener un sustrato neuronal lo suficientemente tranquilo y motivado para ejecutar ambas memorias con lucidez.

Uno de los ejemplos más característicos de esto es cuando el cerebro hace un filtro de información de manera inconsciente, es decir, no es voluntario; sin saberlo, por momentos eliminamos recuerdos no deseados, que carecen de importancia o cuya información no es utilizada con frecuencia. Cuando se estudia a las neuronas con resonancia magnética, se ha identificado que la corteza prefrontal cambia, se regula con el hipocampo si forzamos la memoria, esto indica que la detección y la resolución de conflictos cambia cuando obligamos a las neuronas a recordar cosas importantes como fechas, nombres, una palabra en específico, el esfuerzo es tanto que la corteza prefrontal impide de manera voluntaria traer la información porque se está utilizando la neurona como en un estado de alarma o estrés, en contraste, las cosas que son irrelevantes hacen que el esfuerzo neuronal sea menor. Por esta razón, los recuerdos se pueden olvidar por una necesidad, la cual indica claramente que lo más importante es lo que impera en la atención y el seguimiento de los detalles, esto contribuye a conservar energía y mejorar eficiencia en nuestras neuronas.

Olvidar ayuda al cerebro, no es una patología, ayuda a retener los detalles importantes, en el momento necesario.

LECCIÓN 75

El orden de nacimiento y el cerebro

Alguna vez te has preguntado si hubieras tenido más hermanos: ¿Tú personalidad sería la misma? Si eres hijo único, ¿cómo habría sido la experiencia? ¿Cómo es la experiencia de la vida con varios hermanos? Nacer, crecer y retroalimentarse del seno de una familia es importante para la construcción de la personalidad.

Las conexiones neuronales, la personalidad, la manera como enfrentamos los problemas, algunos trastornos psiquiátricos, lo que nos gusta y llevamos a cabo como interacción personal, depende de la familia de donde venimos; del número de hermanos que tenemos, de la edad y el lugar que ocupamos. Somos responsables de la familia que hacemos, no de la que venimos.

Se ha identificado que los primogénitos tienen evaluaciones intelectuales más elevadas que los hermanos menores: comúnmente suelen tener un desarrollo académico mayor comparado con los hermanos que están en segundo lugar. Si el hermano mayor fallece a una edad temprana, los hermanos nacidos en el segundo lugar exponen mayor inteligencia a lo largo de la vida. En ciencia no hay determinismos, esto no quiere decir que sea una regla, pero es importante considerar que el número y lugar que tenemos entre los hermanos puede influir en la construcción de nuestra personalidad.

Suele suceder que los hermanos mayores orienten, enseñen e influyan en los menores y esto hace que se consoliden de una manera distinta muchos de los aprendizajes que en edad temprana los mayores no tuvieron, contrastando con la facilidad que sus hermanos en otras etapas de la vida tienen, esto comúnmente facilita su información, pero también puede tergiversarla.

Los hermanos mayores tienen más probabilidades de terminar una educación profesional, reciben en promedio hasta 40 minutos al día más de tiempo de calidad con sus padres comparado con los hijos que nacieron después. Los que tienen más años presentan más creatividad respecto a los hijos nacidos después de ellos. Se ha identificado que, en las familias con cuatro o cinco hijos, el hermano mayor tiene una mayor probabilidad de tener tumores cerebrales al avanzar su edad en promedio después de los 30 años.

Los hermanos menores tienen información de ser más alegres y divertidos. Cuando se tienen hermanos varones, se ha abierto la probabilidad de que el menor sea homosexual, la hipótesis indica que son mayores los factores psicológicos y sociales que influyen y a su vez, un factor biológico asociado es que los niveles de testosterona en el vientre materno pueden estar involucrados ya que disminuyen en comparación con el primer embarazo.

LECCIÓN 76

¿Qué tan presumido eres?

Todos los seres humanos, experimentamos, culpa, vergüenza y envidia; estas emociones y experiencias las aprendemos en las primeras etapas de la vida. Esto tiene un proceso evolutivo ya que la experiencia de sentirnos superiores o con mejores recursos dentro de un grupo, experimenta ventajas básicas que ayudan: encontrar compañeros, alimentos y poderse reproducir mejor.

La gran mayoría de nosotros nos esforzamos por lograr éxitos cuando competimos, cuando estudiamos o en la experiencia de la vida cotidiana. Existen parámetros de comparación con los demás sobre los cuales están basadas nuestras metas, la tendencia a desarrollarnos socialmente; la envidia y la satisfacción por superarnos y… también a los demás. Sentir que ganamos o que somos mejores es adecuado, no es un trastorno neuronal. Pero es importante reconocer que cuando nos comparamos con pares o personas que están compitiendo con nosotros, la sensación de alivio, satisfacción y arrogancia se incrementan tres veces más que cuando disfrutamos de un logro de manera solitaria.

Al cerebro no le parece tan atractivo sentirse feliz caminando solo disfrutando de un éxito, que experimentarlo frente a personas que, como nosotros, de características psicológicas semejantes, en condiciones sociales iguales, les hacemos saber del enorme placer de vanagloriarnos a nosotros mismos. El sentir alegría que contrarreste la envidia de los demás es un placer de la vida que el cerebro festeja mucho, es decir, comparar los resultados y éxitos propios con los de otros, intensifica el alivio, la alegría y la sensación de poder: yo sí pude, tú no.

El origen de todo esto se encuentra en la actividad entre el sistema neuronal de los reforzamientos o también conocido como de recompensa y la relación que tiene la corteza órbito frontal con los ganglios basales. La intensidad de la alegría de saberse único, privilegiado o exitoso, es mayor que la gran mayoría de las emociones que genera el cerebro. Es un deleite neuronal sentirse superior cuando se compite, porque en el fondo da la sensación de que se presenta el proceso aprendido cognitivo de querer tener siempre la razón.

LECCIÓN 77

A punto de olvidar o de recordar

Te lo iba decir, pero se me fue, espera… lo tengo en ¡la punta de la lengua!

El cerebro recuerda lo que quiere, en realidad omite lo que no ocupa, aunque sea importante. La gran mayoría de las palabras que se nos olvidan u omitimos las sabemos, pero no las utilizamos con la regularidad que los grupos neuronales de atención y memoria entienden; los significados y la prosodia son fundamentales para memorizar. Para que una palabra se entienda y reconozca, las neuronas deben darle un proceso fonológico e interpretativo, si bien no existe una unidad específica de palabras sí hay en nuestro cerebro un grupo de neuronas que conecta fonemas y significados. Las áreas del hemisferio izquierdo: frontal inferior (Broca) y temporal superior (Wernicke) se asocian con la actividad del hipocampo y amígdala cerebral, para realizar las asociaciones y emociones. Se ha identificado una red de neuronas (ínsula) que debe ajustar y generar el cierre del proceso de recordar palabras en específico: esta red también puede procesar el dolor físico y moral, además reconocer sonidos. Cuando una persona tiene lesión o disminución de la mielinización o pérdida neuronal de la ínsula, se inicia el proceso de errores al recordar una palabra, con la firme y contundente idea de que, sí se sabe, pero en breve se recordará.

El envejecimiento se acompaña de cambios en la zona de la ínsula. Entendemos que palabra, sonido o número, ecuación que no se usa, se debilitan las conexiones neuronales. Si además el proceso no se fortalece y existe una condición de estrés constante, miedo o dolor crónico, el proceso de olvidar palabras se va generando gradualmente con mayor frecuencia. Antes esto, no cabe duda que leer y aprender algo nuevo cada mes, es fundamental para tener una ínsula izquierda funcional.

LECCIÓN 78

Atrás de la sustitución... de un hijo

El gran diplomático y escritor francés representante del realismo moderno, Stendhal, autor de *Rojo* y *Negro* y *La cartuja de Parma*, dio paso a
una nueva narrativa. Van Gogh, pintor post impresionista, holandés que capturó la atención de toda una generación y sedujo a la humanidad. François-René Chateaubriand, diplomático, político y escritor francés considerado el fundador del romanticismo en la literatura francesa. Salvador Dalí, el maravilloso pintor, escultor, grabador, escenógrafo y escritor, el máximo representante del surrealismo. Ludwig van Beethoven, compositor, director de orquesta, pianista y profesor de piano alemán.

¿Qué tuvieron en común los antecedentes de vida entre ¿Van Gogh, Stendhal, Chateaubriand, Dalí y Beethoven? todos siendo genios, creativos y extravagantes personas, fueron hijos sucesores o sustitutos.

Todos tuvieron un hermano previo a su nacimiento, el hermano murió y ellos recibieron el nombre de su hermano muerto. Todos nacieron casi un año (excepto Chateaubriand, que nació 10 años más tarde y Dalí 7) después del deceso de su antecesor, en todos ellos sus padres decidieron honrar al niño fallecido recibiendo el mismo nombre como un culto vitalicio. Retomaron el nombre del niño muerto y remplazaron con ese nombre la existencia en la familia del ausente.

Desde la perspectiva psicológica, un proceso de sustitución; el hermano toma el lugar, la ocupación es importante cuando el primogénito fallece, ya que éste otorgó cambios neuroanatómicos en la madre, en especial en la reorganización del hipocampo y la corteza prefrontal, con un importante incremento de oxitocina.

En ocasiones la muerte de un niño de edad tan pequeña genera tanta culpa en los padres, sobre todo en la madre, cuyo apego es mayor, por los altos niveles de oxitocina, que la desesperación lleva a estos actos, a ver en el nuevo hijo la ocasión para eximir de culpas y dolor previo.

No es un proceso de adecuada salud mental, pero es parte de una explicación el hecho de que un adulto por su nivel de culpabilidad y busca de la identidad, puede creer que el niño sustituto será el otro, reduciendo a ser el mismo a la mirada de la madre. Esto en un marco de confusión, tristeza y desesperación, es el inicio de muchos trastornos de la personalidad de los padres y el hijo sustituto. De esta manera, con la forma de generar apegos y la necesidad de crear una identidad, el hijo sustituto lucha también contra la culpabilidad ajena a él, esto puede llegar a un punto terrible: pensar que se vive la vida de otro y por consecuencia debe también ser culpable de ocupar un lugar que no le corresponde; si el hermano viviera, él no estaría ahí y en consecuencia no hay razón de su existencia. La construcción de esta personalidad, tarde o temprano cobra la factura en la salud mental. Cuando la madre se sabe embarazada nuevamente, el proceso de gestación se vive con ansiedad, estrés y angustia. El miedo constante de perder nuevamente una vida tiene en común el incremento de cortisol de manera recurrente, esto influye negativamente en la organogénesis del cerebro del bebé, también marca la relación y el establecimiento de apego entre ambos para toda la vida del niño. El dolor marca la vida de varias personas en la familia, pero en especial en la del niño. Las relaciones de los padres envuelta con el dolor moral no resuelto afectan negativamente en los hijos. Estar inmerso en el duelo genera desesperación y desolación ante lo cotidiano de la vida, lo más probable: un trastorno de la personalidad en el hijo. Los grandes genios aquí mencionados, son la viva experiencia de una inadecuada forma de vivir y de llevar sus pasiones ocultas como la experiencia de vida envuelta en un trastorno.

LECCIÓN 79

Enojo y sueño

En este mundo nos han dicho que no nos enojemos, que no es adecuado. A los enojones los señalan como personas poco sociales o desadaptados. Las neurociencias indican que ser enojón tiene algunas ventajas: reconocen más rápido las mentiras, no se engañan tan fácilmente y suelen ser más meticulosos. Uno de los principales factores que deben considerarse es que el cerebro desea tener la razón; saberse con objetividad le otorga sensación de poder, disfruta más lo que realiza. Enojarse le libera noradrenalina, dopamina y en una fase tardía también endorfina y cortisol, sí, el cerebro puede llegar a disfrutar que se enoja o pelea.

Enojarse no es inadecuado, es una emoción que marca socialmente nuestra adversidad, la cual puede ser o no válida. Dentro de la subjetividad de cada persona, nadie es malo en su propia película. El enojo genera sesgos cognitivos, solo vemos lo que queremos ver y mcmorizar lo que nos conviene. El cerebro enojado activa más de 25 áreas, solo el miedo y el llanto le ganan en activar tantas redes neuronales y módulos; esto indica que el cerero consume más glucosa y oxígeno, por lo que debe gradualmente adaptarse. Enojarnos hace llamar la atención, cambiar la velocidad de pensamiento, buscar alternativas, cambiar la secuencia de los eventos o participar en la opinión y la palabra; pero cada cerebro tiene sus ganancias secundarias por lo que discute, se enoja o pretende focalizar.

El enojo no debe durar en activación neuronal por arriba de 40 minutos, en un adecuado marco de salud mental, antes de este tiempo, la corteza prefrontal regresa y mide los niveles de los límites que se pierden o los posibles riesgos de seguir teniendo la conducta. Es decir, el que se encoleriza por arriba de este tiempo, habla de una inadecuada salud mental. Socialmente se hace necesario dignificar el enojo, en un adecuado marco, saber que el enojo es sano en un tiempo pertinente pero después de él, se debe comunicar y entender las causas; negar el enojo es inadecuado para el cerebro, el desafío es saberse calmar sin decir nada.

Enojarnos nos hace consumir más energía y cansa. Privarnos de sueño nos hace aún más irritables, un enojón sin dormir se convierte en una amenaza. La amígdala cerebral es más activa y la corteza prefrontal no la regula adecuadamente. El agotamiento es un mal consejero social, ya que hace menos afables a las personas. El mal humor se potencia ante una jornada larga de trabajo o días en tensión emocional y física. Cansado y con hambre se discute más. Comer no significa enojarnos menos, pero dormir, descansar sí disminuye el mal humor. Una siesta de una hora es suficiente para que la corteza prefrontal regule al sistema límbico. La música que nos gusta disminuye la agresión, ya que puede activar mejor el prefrontal con la corteza temporal. Bailar es la mejor terapia social de calmar a las masas enojadas. Así que la pregunta es ¿dormir me quita lo enojón? Tal vez no, pero nos adapta más rápido al problema y nos otorga objetividad. Decir más "entiendo tu enojo", y respetar el tiempo, ayuda a encontrar mejores respuestas y soluciones a las discrepancias.

LECCIÓN 80

Olfato y salud mental

Oler

El olfato es el sentido menos valorado, pues lo consideramos básico y sin importancia. Sentimos que la vida es complicada sin escuchar o ver. Perder el tacto estaría complicado, pero nos acostumbraríamos a ello. No saborear, tal vez lo soportaríamos, pero no oler, subjetivamente lo consideramos un sentido sin tanta importancia.

El olfato es importante para comer, tranquilizarnos, divertirnos, excitarnos, detectar un peligro (olor a gas) o incrementar la memoria; es difícil olvidar el olor de un bebé, de una persona, de un perfume.

El olfato es una herramienta para entender el funcionamiento de nuestro cerebro. Es el único sentido que entra al cerebro para generar la sensación. Todos los demás sentidos tienen que pasar por el tálamo, sitio de relevo neuronal. El olfato pasa directamente a la amígdala cerebral e hipocampo, de ahí que es detonante de emociones y reforzador de recuerdos.

El olfato y la memoria están íntimamente ligados en la anatomía y fisiología. El olor codifica recuerdos. Oler nos ayuda a asociar elementos de aprendizaje con más énfasis. Las personas que realizan aromaterapia suelen tener mejor puntaje de memoria y recuerdan con más detalles pasajes de su vida o incluso los elementos básicos de la ubicación dentro de su casa. El aroma reactiva memorias.

Recientemente, publicaciones de nuestro grupo de trabajo muestran que las neuronas olfatorias pueden cultivarse y estudiarse fuera del cerebro con una eficiencia técnica cuantitativa. ¿Sabías que las neuronas del olfato pueden ayudar a identificar si existen enfermedades neurodegenerativas? La enfermedad de Alzheimer (un tipo de demencia: olvidos) y la enfermedad de Parkinson (movimientos involuntarios por pérdida de las neuronas de la sustancia nigra y una consecuente disminución de dopamina) tienen una característica común, las neuronas olfatorias mueren o son disfuncionales. Una prueba simple ayuda a detectar la pérdida del olfato, y actualmente, sabemos que las neuronas cambian sus canales de calcio. Lo que es un gran avance es que se puede hace de manera rápida un diagnóstico precoz que ayuda a cuantificar Alzheimer, esquizofrenia o Parkinson, a través de una prueba simple de olfato y en un futuro mediato sabremos cuántos canales de calcio se van alterando como marcador de una enfermedad neurodegenerativa.

LECCIÓN 81

La triada oscura de la personalidad

Hay personajes de violencia psicológica en nuestra sociedad, incumplen normas, engañan, mienten constantemente, son consideradas como enemigos públicos o vecinos arrogantes o personas problemáticas. Estos personajes tienen en común colocar sus propios objetivos e intereses sobre los demás, provocando con ello sentir placer por el hecho de lastimar o sacar ventajas de otros.

Hay personas cuya personalidad es muy negativa, hostil, prepotente y aversiva, con esto evitan sentimientos de culpa o vergüenza, sus justificaciones y excusas por momentos inverosímiles hacen entender que no lo hicieron de manera premeditada.

Las personas que antepone sus deseos y opiniones, comúnmente son impulsivas, agresivas y desarrollan comportamientos egoístas, con poca ética y justificaciones constantes.

Una persona maquiavélica es aquella que tiene actitudes manipuladoras, insensibles y tiene la fiel creencia de que los fines justifican los medios. La psicopatía se refiere a la nula empatía y el bajo autocontrol en la actitud hostil y evasiva cotidiana. Define la sensación de sentirse superior asociada con una extrema necesidad de recibir atención de los demás.

Una persona puede tener tres componentes en su personalidad: maquiavélico, psicopatía y narcisismo; llegan tarde, generan acoso con sus compañeros, cometen robos y tienden a la infidelidad.

Si bien existen trastornos de la personalidad que pueden entenderse por separado. La personalidad psicópata es egoísta, sólo ven su beneficio inmediato, son tercos, irritables y no acepta las críticas. Son hábiles para engañar, planificar, impulsivos y agresivos, son hipócritas y codiciosos. Hay una manifestación extrema en sus conductas; cuando los aspectos de la psicopatía son más fuertes, los individuos parecen ser impasibles bajo la presión y suelen generar una imagen competitiva. La parte en común del rasgo maquiavélico y psicópata es la parte sexual, esto está más relacionado con la búsqueda de diversiones y placer.

Las personas con triada oscura de la personalidad son arrogantes, ostentan y buscan poder. En ellos hay un común denominador: una infancia con ausencia de cariño y atenciones. Tiene pocos escrúpulos, mienten para obtener una ganancia secundaria o para incrementar sus cualidades.

Comúnmente estos personajes intentan sentirse superiores manipulando circunstancias y buscando destrozar la reputación En la búsqueda del reconocimiento y admiración intentan hacer todo de manera práctica.

LECCIÓN 82

Piensa rápido

¿Qué haces cuando todo va mal? ¿Cuando tienes prisa? ¿Se terminó el dinero? ¿Recibiste una muy mala noticia? El resultado: emociones que perduran por mucho tiempo, como el desánimo, tristeza, enojo o arrepentimiento. A veces el tratar de pensar algo agradable puede empeorar la primera emoción. Algunos profesionales indican que hablarlo es una primera opción para el manejo terapéutico. Datos de nuestras investigaciones muestran que las respuestas neuronales son una a la vez, al menos en el hipocampo y la corteza cerebral, llevar varios estímulos al mismo tiempo terminan por abolir la atención y la manera de aprender: un estímulo para una respuesta, uno a la vez.

Cuando se analiza qué es mejor para que un grupo de neuronas trabaje ante una mala noticia o un escenario negativo, el factor de pensar rápido, de ver varios escenarios mentales con rapidez mejora el estado de ánimo. Leer de manera rápida, tener la creatividad de decir o pensar posibles soluciones, pero a gran velocidad mejora el estado de ánimo. El pensamiento veloz está a favor de la dopamina. Ideas vertiginosas son más creativas. La idea apresurada con un objetivo nos hace tener energía.

Al realizar comparaciones entre grupos para resolver un crucigrama o sopa de letras, los que lo hacen con rapidez respecto a quien lo hace de manera pausada, los rápidos se divierten más. Pero en algunos trastornos de la personalidad como la depresión, el trastorno bipolar o la ansiedad, la rapidez puede hacer estragos, ya que los detonantes se pueden evaluar con más fuerza y aversión. Un pensamiento repetitivo realizado de manera rápida tampoco es agradable para las neuronas, por lo que se recomienda variarlo, ya que pueden incrementar la ansiedad. Si es claro, un pensamiento lento, pausado o desmotivado reduce energía, espontaneidad, creatividad.

Esta información puede ayudar en un salón de clases, en una oficina o en un campo de juego. Habrá que analizar también el sitio y las actividades que se llevan a cabo. Esto es tan evidente en nuestros días, que la velocidad con la que caminamos indica cuantitativamente la velocidad de nuestro pensamiento.

LECCIÓN 83

Mitos del cerebro

Lo que se cree
En la actualidad, le podemos aplicar el prefijo *"neuro"* a cualquier situación, palabra, adjetivo o verbo y se convierte en un atractivo en el vocablo de las neurociencias, podemos hablar de neuro-noticias, neuro-fármacos, neuro-aprendizaje, o neuro-inteligencia, etc. El campo científico está en paralelo expuesto a muchas creencias y pensamientos mágicos, los cuales por momentos ponderan más que los hallazgos y cuantificaciones. Hay varios mitos en relación con el cerebro, ¿Cuáles son los más frecuentes?

Mito 1 ¿Eres cerebro derecho o izquierdo?
Las pseudociencias indican que estamos determinados en nuestra personalidad por el hemisferio cerebral que predomina, si somos hemisferio izquierdo somos objetivos, analíticos y matemáticos, en contraste si somos hemisferio derecho somos músicos, creativos o soñadores.

Objetivamente, los seres humanos construimos nuestra personalidad por un lado con los aprendizajes, las experiencias, las memorias y en parte por el sustrato biológico que es nuestra neuroanatomía y neuroquímica; nada está determinado al azar, somos seres biológicos, psicológicos y sociales. El humano activa ambos hemisferios cerebrales. Es falso que cada persona tenga un hemisferio dominante para pensar y actuar en la vida. Lo correcto es que, efectivamente, si somos diestros es que predomina el hemisferio izquierdo en nuestra actividad motora. Los seres humanos utilizamos ambos hemisferios cerebrales, el cerebro izquierdo está más relacionado con el lenguaje, los procesos cognitivos y el derecho se activa con mayor eficiencia si escucha música. Sin embargo, nuestro carácter, nuestra personalidad y nuestras conductas es la argamasa de la actividad de ambos hemisferios cerebrales por comunicación del cuerpo calloso (estructura que une anatómica y fisiológicamente a ambos hemisferios), en la medida que el cuerpo calloso sea más grande la comunicación es más plural y diversificada.

Los artistas activan igual los dos hemisferios cerebrales, los deportistas también activan los dos hemisferios. Así como cuando se realiza una actividad académica, ambos cerebros deben estar conectados. La actividad eléctrica del cerebro depende directamente de la densidad de redes neuronales activas, de sus conexiones.

Cuando estamos despiertos, tenemos un ritmo de actividad neuronal de 12 a 33 ciclos por segundo o Hz. A esta actividad eléctrica del cerebro le denominamos ritmo beta; cuando nos relajamos y cerramos los ojos, generamos un ritmo alfa (8 a 13 Hz). Utilizamos el ritmo beta para generar procesos cognitivos: pensar, poner atención, hablar; en ocasiones, cuando escuchamos música, podemos llevar al cerebro a un ritmo todavía mucho mayor en actividad que se llama ritmo gama (25 a 100 Hz). Hallazgos recientes indican que al meditar a través de mindfulness es posible generar un ritmo theta (3.5 a 8 Hz) en un estado consciente, esto contribuye a conectar redes neuronales, inducir formación de mielina por parte de los astrocitos, esta actividad neuronal puede disminuir los niveles de hormonas cortisol; finalmente, este ritmo puede hacer que una persona prácticamente desconecte la amígdala cerebral de los estados emotivos, por lo tanto, la actividad eléctrica del cerebro cambia la anatomía, neuroquímica y conducta. Esto muestra que no somos determinados a partir del nacimiento, que podemos cambiar, no somos producto de un cerebro dominante sino de la actividad continua y diversificada de varias áreas cerebrales.

Mito 2: solo ocupamos 10% de la capacidad cerebral

Tenemos la capacidad para conectar neuronas, reorganizar redes neuronales, aprender y reaprender; en el advenimiento de los hallazgos por los estudios de resonancia magnética funcional se identificó que no existen zonas cerebrales sin utilizarse, tenemos un hermoso cerebro que funciona cuando estudiamos, recordamos, nos divertirnos y soñamos. Durante una gran actividad podemos activar casi el 100%, gradualmente lo conectamos y lo desconectamos en varias áreas en serie y en paralelo, no es necesario tener a todo el cerebro activo. Queda de manifiesto que todo el cerebro puede utilizarse bajo ciertas condiciones, no obstante, el consumo de oxígeno y de glucosa depende directamente de la cantidad de regiones cerebrales utilizadas. Ningún estudio científico ha contribuido a indicar que el cerebro utiliza pocas áreas cerebrales; no hay ninguna evidencia que muestre que utilicemos menos del 10% del cerebro y seamos eficientes. Todas las neuronas pueden ser funcionales, si no lo hacen, es precisamente porque hay área de asociación y comunicaciones en latencia para hacer más funcional al cerebro.

Mito 3: las neuronas no se dividen

La vulnerabilidad del cerebro se debe a la pérdida de información de manera constante a partir de los 40 años en promedio. Sin embargo, es interesante reconocer que, en el hipocampo, sitio del cerebro para la memoria y el aprendizaje, sí es posible cuantificar división neuronal, que todos los días estamos haciendo nuevas neuronas en el hipocampo y este proceso depende de la actividad física y mental que realizamos.

Nuestro cerebro en promedio tiene 86 000 millones de neuronas, pero tiene una capacidad de conectividad muy fuerte, esto implica claramente que si nosotros realizamos actividades y nos esforzamos podemos incrementar la manera como conectamos redes neuronales, de tal manera que cada neurona puede unirse o hacer conexiones entre 5 000 hasta 15000 conexiones de manera dinámica; por lo tanto, si una neurona tiene una gran cantidad de conexiones, puede compartir información, lo cual en el caso de que llegara a morir esa información puede estar difundida en otras neuronas y la información no se pierde totalmente, es decir, puede reorganizarse. Por lo tanto, el secreto de nuestra plasticidad neuronal, además del número de neuronas es la cantidad de neuronas conectadas que tenemos.

LECCIÓN 84

El cerebro no cambia nunca

Aunque esta lección cabe perfectamente en la anterior, de los mitos del cerebro, decidí ponerla aparte por su importancia, veamos.

El cerebro cambia con la vida, incluso en el mismo día. Esta es una de las grandes capacidades de nuestro cerebro para generar cambios para bien y a veces para situaciones patológicas. En la medida que vamos envejeciendo el cerebro puede perder neuronas, pero las que se quedan van conectando con otras, las neuronas aprenden, regulan y mejoran su eficiencia. Si el cerebro no duerme, puede cambiar su forma o modifica la manera como conecta con dichas neuronas, pero en la medida que vuelve a dormir, puede reorganizarse. El cerebro busca recuperar información. Para el cerebro es importante la alimentación, no hacerlo puede incidir sobre cambios adaptativos. El cerebro no es el mismo desde que nacemos, lo hemos enriquecido con información y ésta lo ha hecho más arborizado, lo hemos ido transformando a lo largo de la vida, y aún puede seguirse conectando y transformándose independientemente de la edad que tengamos.

Por lo anterior, debemos reconocer que nuestras conductas o pensamientos no son por solo la actividad de un hemisferio cerebral, en realidad, si utilizamos a todo nuestro cerebro, favorecemos la neurogénesis y contaremos con que este órgano maravilloso se transforme a lo largo de la vida.

LECCIÓN 85

La isquemia e infartos son diferentes en los cerebros de mujeres

El infarto y las hemorragias cerebrales son más frecuentes y de peor pronóstico en el cerebro de las mujeres. Están relacionados con un alto nivel de mortalidad y un muy alto grado de invalidez. Cada vez se elevan más los casos de ambos eventos a los cuales se les conoce también como enfermedad vascular cerebral (EVC). Esta enfermedad está muy relacionada con la edad del ser humano y son más frecuentes en la medida que envejecemos. Tener una discapacidad relacionada con una isquemia, infarto o hemorragia, disminuye la calidad de vida.

La relación que tienen las hormonas esteroides sexuales femeninas influyen en estos procesos de infarto y hemorragia: los estrógenos (hormonas femeninas) tienen una actividad cardiovascular de protección, los estrógenos promueven mayor vasodilatación de arterias y venas, en consecuencia una favorece la disminución de la presión arterial y un aumento en el flujo de sangre hacia el órgano que se perfunde. Ante situaciones de estrés, cambios en la frecuencia respiratoria o incremento de CO_2 las mujeres se adaptan más rápido. En contraste, en la menopausia se generan cambios en esta regulación, ya que en estas condiciones es cuando disminuyen la concentración de estrógenos y la reactividad vascular, se incrementa la presión arterial y la probabilidad de infartos tanto en el cerebro como en el corazón también se elevan en frecuencia.

De esta manera pareciera que el cerebro de las mujeres está protegido por las condiciones del estrógeno, cuando disminuye, la mujer es vulnerable a la apoptosis y a los cambios de la glucosa y el oxígeno. El alcohol y el tabaco operan negativamente en el cerebro de las mujeres y mucho más cuando están en la etapa menopáusica y posmenopáusica. La obesidad, la hipertensión arterial, el incremento de glucosa y colesterol también operan en contra del cerebro femenino y lo hace más vulnerable a los infartos.

Todos los datos anteriores parecen mostrar que después de la menopausia son más fuertes y pronunciados en el cerebro de las mujeres. La migraña incrementa el riesgo de infarto cerebral casi tres veces más que en los hombres.

No obstante, la ingesta de anticonceptivos hormonales predispone a eventos de isquemia en las mujeres. Los infartos cerebrales también tienen una carga genética muy importante y, de nuevo, las mujeres tienen una gran tendencia a tenerlos con mayor frecuencia. Las mujeres desarrollan más estados depresivos respecto a un varón después de un infarto cerebral, esta depresión, post hemorragia o post infarto retrasa su recuperación y se asocia con un aumento en las probabilidades de muerte en los siguientes dos años.

Es un hecho que a mayor edad un infarto tiene peor pronóstico. La probabilidad de regresar a casa a la recuperación por parte de la mujer es 40% menor que la del hombre. En consecuencia, el tiempo de rehabilitación debe ser mayor en las mujeres que en los hombres tanto en la actividad motora como en la terapia de lenguaje o en la terapia ocupacional.

LECCIÓN 86

La parálisis de sueño

El pensamiento mágico: se me subió el muerto

La parálisis del sueño es una disminución transitoria de la capacidad de movernos cuando estamos dormidos o salimos del sueño profundo; en especial la cabeza, las piernas o los brazos, pese a tener conciencia de lo que está sucediendo. Nos despertamos, pero no podemos hablar y se ha interpretado erróneamente que las condiciones son de que nos atrapa algún espíritu, un ataque de fantasmas o que tenemos una experiencia paranormal. Esto no es correcto. En realidad, es un proceso neurofisiológico que ha experimentado 95% de la población de este mundo.

Cuando estamos profundamente dormidos y estamos soñando, estamos en sueño R.E.M. (por las siglas en inglés de Rapid Eye Moviments o en castellano MOR, Movimientos Oculares Rápidos), los músculos del cuerpo se encuentran prácticamente relajados, de tal manera que inducir una contracción muscular puede tardar entre uno a 10 segundos. Está disminución de la actividad muscular o mal llamada parálisis muscular no es anormal. Esto es lo que nos hace en ocasiones caernos de la cama. O tener sueños vívidos de que nos estamos asfixiando, o podemos tener una sensación de peligro al querer hablar y no poder hacerlo. El querer movernos y no poder hacerlo de forma inmediata se convierte en una situación angustiante, y por esta razón se presume que algo malo nos va a pasar.

El estrés, largos viajes, el consumo de alcohol o de café, así como situaciones angustiantes, están relacionadas con la inducción de la parálisis del sueño. Además, esto se ve por contaminación de algunas experiencias no agradables en nuestros sueños ya que se pueden tener alucinaciones tanto visuales como auditivas. En esta etapa se pueden confundir algunas sombras, figuras humanas o escuchar voces o ruidos que son considerados de manera mágica como normales.

De 25 a 40% de la población durante el proceso de la parálisis del sueño, sienten opresión en el tórax y refieren que les cuesta trabajo respirar. Esto incrementa la sensación de angustia y de que el evento se sienta que dura más tiempo del que realmente está efectuándose.

Debido al proceso hollywoodense, la parálisis del sueño se asocia con relatos de fantasmas o extraterrestres; dado el nivel de relajamiento que tiene el cuerpo, muchas personas pueden sentir que vuelan o caen y que este proceso contamina al estado de conciencia y la experiencia es creer realmente que fueron atrapados o abducidos. Muchas personas hablan de sentirse en una experiencia extracorpórea. Sin embargo, hasta este momento la parálisis del sueño solamente es un proceso transitorio que no ejerce ningún peligro.

LECCIÓN 87

Lateralidad y ambidiestro

La gran mayoría de los seres humanos tenemos la capacidad de tener un hemisferio cerebral dominante sobre el otro hemisferio cerebral, es decir, lateralidad, y es una manera muy básica de evaluar la función de nuestras neuronas. El hemisferio cerebral izquierdo controla la parte derecha de nuestro cuerpo. En contraste, el hemisferio cerebral derecho controla la parte izquierda de nuestro cuerpo. En una persona neurotípica la región del lenguaje se encuentra en el hemisferio cerebral izquierdo y los procesos cognitivos de atención y memoria y creatividad se encuentran más en el hemisferio cerebral derecho. Se ha identificado que hay personas neurodivergentes, en las que no existen dominancias cerebrales y que sus hemisferios cerebrales son simétricos, en consecuencia la actividad para hablar y para crear prácticamente se encuentran en ambos hemisferios.

Un cerebro simétrico aumenta el riesgo de padecer problemas cognitivos, en especial tienen problemas escolares y de lenguaje y al alcanzar prácticamente la última etapa de su adolescencia, es decir por arriba de los 15 años, existe una probabilidad, casi dos veces mayor de desarrollar síntomas relacionadas con el trastorno de déficit de atención e hiperactividad: TDAH.

En el TDAH se tiene como característica un marcado cerebro ambidiestro en comparación con aquellos que tienen dominancias de los hemisferios cerebrales únicos, ya sean zurdos o diestros.

Cuando los hemisferios cerebrales son iguales prácticamente se puede analizar una actividad en espejo entre uno y otro hemisferio, la coordinación y comunicación se involucran directamente con eventos cognitivos, conductuales y de la personalidad. Los adolescentes con TDAH no tienen un funcionamiento anormal del cerebro, son capaces de poner más atención a la información que en ese momento se genera y que puede llegar a confundir a grupos neuronales, lo cual los hace retrasar los tiempos de respuesta o no entienden de primera instancia el problema. Hay dos hipótesis involucradas en el origen de este factor ambidiestro en el individuo que tiene TDAH, una es que cuando la madre se embaraza experimenta estrés, depresión, inseguridad, durante el primer trimestre del embarazo. La otra posibilidad es un cambio epigenético en los cerebros de estos niños, de acuerdo con el ambiente en donde se desarrollan.

La lateralidad puede ser un factor de estudio para identificar problemas de comportamiento y cognitivos, y puede facilitar la detección temprana de algunos problemas.

LECCIÓN 88

Ansiedad para todos

Las manifestaciones de la ansiedad (agitación, inquietud desagradable por anticipación; sensación de catástrofe; crisis o estado persistente y difuso) pueden llegar al pánico. La sensación de ahogo y peligro inminente se presen
ta con una reacción de sobresalto, mayor intento de buscar soluciones eficaces para afrontar la amenaza que en el caso de la angustia; el sufrimiento anticipado puede variar de acuerdo con cada persona, muchas personas pueden manifestar algunos datos como signos y síntomas, y otras pueden no estar de acuerdo con lo que se manifiesta.

La ansiedad puede copiarse, incrementarse de acuerdo con el ejercicio social en el que se encuentra; la ansiedad cuando se expande se contagia. Los factores estresantes y generadores de ansiedad en una sociedad pueden hacer que ésta se comparta de manera caótica y genere violencia.

En contraste con la adaptación, el entendimiento y la organización cultural que la negociación puede ofrecer, es un hecho que la gran mayoría de los seres humanos entiende el concepto de ansiedad, pero su manifestación es como un espectro, en algunos puede ser muy leve y en otros puede ser dominante. En una sociedad en la cual se reúnen a individuos altamente estresantes respecto a aquellos que muestran muy poco sus manifestaciones ante un detonante estresante, los individuos hipersensibles y más ansiosos pueden contagiar a los demás de su ansiedad en un tiempo menor a 15 minutos, por lo tanto, la ansiedad sí tiene un factor de contaminación conductual de grupos.

A nivel molecular, el proceso neurofisiológico de la inducción de ansiedad depende mucho de la activación de la amígdala cerebral y de los altos niveles de cortisol. Una proteína especial llamada neuropsina, es actualmente uno de los marcadores de ansiedad: a mayores niveles de expresión de neuropsina, por la activación del gen Frkp5, se genera un estado de mayor y permanente activación de la amígdala, esto conlleva a una manifestación de ansiedad por más tiempo.

Muchos de los factores detonantes a través de memorias previas, reactivan a la amígdala para generar a su vez todo un proceso de encontrar en cualquier situación, un riesgo o un peligro. La ansiedad es una contaminación constante a nuestras conductas por generar una anticipación de eventos que aún no suceden, pero que resultan ser demasiado peligrosos o riesgosos.

La gran mayoría de los seres humanos en estas condiciones puede sentir que los eventos son nocivos o que el proceso social es desafiante, y en consecuencia tomar decisiones que en la gran mayoría de los casos no son adecuadas cuando el factor estresante es común a todos.

LECCIÓN 89

Fracasos ajenos enseñan mejor

Los errores de los demás son, sin duda, de los mejores maestros, ya que cuando vemos el error cerca de nosotros y en circunstancias parecidas tienen un factor emotivo más fuerte y sobre todo enseñan a dirigir decisiones apropiadas y una conducta mejor pensada. El éxito se copia, pero el fracaso enseña.

Cuando la pérdida es masiva o hay un factor de ser irreversible en la falla, las emociones son inmediatas, el error se reconoce. El cerebro trata de entender los errores, sacar conclusiones y explicaciones para evitar lo que a otros en circunstancias semejantes les afecta. El fracaso de otros, cuando se documenta, nos hace mejores. Nuestros errores, además de enseñarnos, hacen que otros eviten con la misma dinámica caer en las mismas fallas.

Somos testigos de los errores de otros, esto hace al cerebro humano más eficiente cuando los aprende y los evita. El cerebro al notar un error, automáticamente activa a la corteza frontal inferior derecha pues no quiere someterse a la vergüenza y la culpa que tuvo otra persona.

La narración del error es importante, la descripción y la metáfora con la que se describe ayuda a entender mejor los resultados. Por eso contar historias fraseando analogías cambiando algunas secuencias, hace que la historia se aprenda con mejor detalle. Hacer un cuento, buscando la parábola o el conflicto sin ser agresores o tratando de evitar los juicios es la mejor forma de analizar los errores cometidos.

LECCIÓN 90

Más meditación, menos pastillas

Cuando una persona realiza una meditación a través del mindfulness (atención plena) genera una desactivación funcional entre la corteza cingulada y la ínsula, por lo que disminuye la percepción del dolor.

Varios estudios longitudinales cuantificaron datos del corazón a través de la electrocardiografía, el registro de la actividad eléctrica del cerebro, la electroencefalografía y analizando el registro de la actividad electro dérmica, por 20 minutos al día de meditación en atención plena durante un período de 8 semanas. Esto dio como información que las tres bioseñales cuantificadas presentaron resultados congruentes, en línea con los beneficios esperados de la práctica regular de la meditación. En promedio, la actividad electro dérmica disminuyó 64.5% es decir, esto se relaciona con una menor tensión emocional; la frecuencia cardíaca media mostró una pequeña reducción del 5.8%, como resultado de un aumento en la actividad del sistema nervioso parasimpático. A nivel de los ritmos del cerebro, la actividad del ritmo alfa cortical prefrontal, asociada con condiciones de calma, experimentó un aumento muy significativo de 148.1%.

Después de 6 semanas de meditar todos los días a través de mindfulness se desarrolla una disminución significativa de estrés en un 92.9% y ansiedad de 85.7%, esto medido en sujetos con varios controles y en distintos centros de investigación. Fácil de practicar y al alcance de todos, el mindfulness o meditación a través de atención plena se puede utilizar de forma proactiva para prevenir o mejorar la calidad de vida. Es una fuerte evidencia de la evolución del bienestar.

La meditación basada en la atención plena tiene efectos positivos sobre la depresión y estos pueden durar seis meses o más. Aunque los resultados positivos son menos comunes en personas con trastornos de ansiedad, la evidencia respalda el uso complementario. No existen efectos negativos aparentes de las intervenciones basadas en la atención plena y sus beneficios generales para la salud justifican su uso como terapia complementaria para pacientes con depresión y trastornos de ansiedad.

El dolor crónico es una de las principales causas de discapacidad en nuestra sociedad. La eficacia limitada asociada con el tratamiento farmacológico y las intervenciones quirúrgicas en pacientes refractarios, ha llevado a una mayor exploración de las intervenciones cognitivas y conductuales como modalidad terapéutica primaria y complementaria. La meditación basada en la atención plena ha demostrado ser eficaz para reducir el dolor en estudios aleatorios de pacientes con dolor crónico, así como en modelos de dolor inducido experimentalmente en participantes sanos. Estos estudios han revelado mecanismos neuronales específicos que pueden explicar el alivio del dolor tanto a corto plazo como sostenido, asociado con las intervenciones basadas en la atención plena.

LECCIÓN 91

La velocidad de nuestros pasos y las neuronas

El lenguaje corporal y el estado de ánimo se influyen mutuamente.

La forma de caminar influye en nuestro estado de ánimo. Nuestro andar después de los 40 años de edad en promedio, la velocidad con la que nos movemos y damos los pasos sugieren la velocidad de nuestros pensamientos. Asimismo, la velocidad de marcha normal en varones se correlaciona negativamente con lesiones previas relacionadas con caídas, golpes o heridas. Es decir, los hombres que se han lastimado articulaciones o sufrido dolor muscular son los que disminuyen la velocidad de su marcha normal. Andar despacio se debe a una disminución en la velocidad de pensamiento, melancolía o antecedentes de golpes serios en nuestro cuerpo.

Envejecer y madurar le exigen al cerebro algunos cambios sinápticos, anatómicos y neuroquímicos. Si bien en el cerebro no dejan de conectarse neuronas independientemente de la edad que tenemos, éstas sí pueden ir disminuyendo en su densidad después de los 40 años; después de esta edad todos los días perdemos neuronas, en otras palabras, ante esa pérdida de neuronas, se exige diversificar conexiones con las neuronas que se quedan, hasta que un día este proceso ya no es posible compensarlo, la memoria disminuye, los movimientos se van haciendo lentos y cambia la adaptación a muchas cosas, entre ellas, los horarios.

Al envejecer, la dopamina ya no se libera con tanta facilidad. Sus receptores disminuyen su expresión en las neuronas que causan la felicidad. Al envejecer solemos recordar con melancolía y procuramos vivir con más intensidad. Reímos menos y lloramos más. Al envejecer, el amor es maduro, por aprendizaje, por actividad neuronal, más que por su neuroquímica.

La velocidad de nuestros pasos tiene una relación inversa con la edad de nuestro cerebro, a mayor edad, el andar se hace pausado, por la disminución neuronal de dopamina, serotonina y endorfina. Ser consciente de esto, puede ser el motivo para que se realice un cambio: hacer ejercicio, aprender cosas cotidianamente, dormir adecuadamente y sobre todo motivarse para vivir es la mejor manera de evitar el andar lento.

LECCIÓN 92

El cerebro piensa mejor
lo que ya conoce

Si escuchamos por segunda vez una afirmación, la consideramos como verdadera y dudamos menos de ella, aunque
hayamos desconfiado de ella la primera vez que la oímos.
La contundencia de la repetición, aunado a cuando otros la
comparten nos genera certidumbre de lo que escuchamos.

La estructura neuronal de nuestro cerebro especializa-
da en los procesos cognitivos, (el hipocampo), tiene una actividad fundamental en la memoria espacial y episódica, se
ha propuesto una función más amplia que incluye aspectos
de la percepción y el procesamiento lógico y relacional de los
recuerdos.

La información auditiva y el sonido moldean al hipocampo. Al examinar estudios de imágenes cerebrales, tipos
de grabaciones y efectos de lesiones, se ha identificado una
jerarquía de respuestas del hipocampo al sonido, incluso durante la exposición pasiva, la escucha activa y el aprendizaje

de asociaciones entre sonidos y otros estímulos. La conectividad y la arquitectura neuronal del hipocampo le permiten rastrear, memorizar y manipular información auditiva, ya sea en forma de quien habla, de alguien que canta los sonidos ambientales que tiene cotidianamente o las emociones en palabras o recuerdos que se esconden.

Al detectar la palabra se memoriza, se recuerda, se adapta o se proyecta un evento de lo cotidiano al aprendizaje y a la memoria. El hipocampo procesa mejor lo conocido, ya que correlatos funcionales y estructurales de la experiencia auditiva se guardan y son latentes, es decir se facilitan más cuando los escuchamos y asociamos a diversas cosas. El alcance de las interacciones auditivo-hipocampo es consistente con el hipocampo, que realiza amplias contribuciones y necesarios registros de la percepción y la cognición, más allá de la memoria espacial y episódica. Una mejor comprensión de estas interacciones puede facilitar el entrenamiento de los ritmos del hipocampo para apoyar la cognición (atención y memoria) y la intervención inmediata y profesional en los vínculos entre la pérdida auditiva y la demencia. De esta manera, exponer eventos conocidos disminuye exigencia de análisis de la atención. De ahí que un cambio de maestro en la escuela, la voz de otro cantante en nuestra canción favorita o cuando alguien sube la voz o nos habla lastimosamente, el cerebro pone atención para jerarquizar la importancia de la información.

LECCIÓN 93

El color de la depresión

Depresión y colores

La tristeza modifica la percepción de los colores: si una persona se encuentra en un estado nostálgico le cuesta trabajo observar con detalle contrastes, detectar los colores amarillos y azules; es cierto: al estar tristes, la vida se ve de color gris.

El trastorno depresivo mayor es un trastorno común y complejo que afecta negativamente la calidad de vida de un individuo; su diagnóstico y tratamiento no se ejecutan con precisión y en la mayoría de los casos se utiliza un enfoque basado en los síntomas, debido a la falta de información precisa. Hasta ahora, los tratamientos de primera línea siguen basándose en neurotransmisores monoaminas (serotonina, dopamina y noradrenalina). Aunque hay muchos avances en este campo de la psiquiatría, los mecanismos parecen volverse cada vez más confusos y el tratamiento farmacológico es también controversial. La depresión es una de las principales causas de discapacidad y afecta a más de 4% de la población mundial. En las enfermedades neurodegenerativas y neuroinflamatorias, se ha identificado que la inflamación afecta negativamente la salud de las mitocondrias, contribuyendo a la excitotoxicidad, al estrés oxidativo, los déficits energéticos y, finalmente, la muerte neuronal.

En relación con la etiología sináptica de la depresión, la hipótesis de las monoaminas es vigente, aunque hoy podemos tener más elementos alternos que no excluyen la importancia de la serotonina, en especial aspectos etológicos como la inflamación, el estrés oxidativo crónico, la disminución de las neurotrópicas y la neurogénesis, cambios en el metabolismo de las células gliales, todos juntos o por separado muestran un factor importante en los mecanismos de inicio y mantenimiento de la depresión.

Trastornos neurodegenerativos, incluida la depresión, están involucrados con los tres neurotransmisores relacionados directa e indirectamente con las emociones: dopamina-alegría, felicidad, plenitud; noradrenalina relacionada con miedo y enojo; serotoninas se asocian con disgusto y tristeza. Ante la ausencia de cada uno de los neurotransmisores señalados, la tristeza disminuye la percepción de los colores, en especial los cálidos. La vida adquiere entonces un color distinto.

La tristeza es la emoción en la que más glucosa y oxígeno consumen las neuronas, por ello, el cansancio, el desánimo, la falta de motivación y los cambios en el apetito son marcadores de la depresión. Es en la depresión cuando más grupos de neuronas trabajan y relacionan proyecciones futuras y analizan sus detonantes del pasado. En el presente, la ausencia del color en la vida contribuye a detectar su presencia y en ocasiones, si hay un buen manejo terapéutico, el adecuado tratamiento, se puede dar la recuperación de ver con detalle y brillo los colores rojos, azules y amarillos.

LECCIÓN 94

Los hombres envejecen más rápido que las mujeres

Por factores genéticos, inmunológicos y biológicos los varones envejecen más rápido y de peor manera que las mujeres, el riesgo de muerte para varones mayores de 30 años es siempre mayor. Por ejemplo, en la pasada pandemia de COVID-19, el virus indujo el doble de muertes en hombres que en mujeres; ellas tienen efectos protectores ante el coronavirus.

Los hombres presentan en su sangre concentraciones de citoquinas, interleucinas y quimiocinas más elevadas en la fase temprana de las infecciones, es decir un sistema neurológico más afectado y propenso a inflamaciones. En contraste, las mujeres tienen concentraciones más altas de IFN tipo I durante el curso de enfermedades virales, pero, sobre todo, la activación de linfocitos T es más efectiva en las mujeres, estas células están relacionadas con el ataque directo a bacterias y virus. Los hombres son más vulnera-

294

bles a las infecciones: 1) El gen TLR7, que detecta ADN viral y media la respuesta inmune es más grande y se expresa mejor en la mujer. 2) Los hombres después de los 65 años disminuyen el número y la activación de los linfocitos B de manera significativa, en las mujeres no. Es decir, los varones maduros gradualmente son más vulnerables a las infecciones.

Las mujeres viven más tiempo que los hombres, su esperanza de vida es mayor por casi 10 años. Para precisar, se puede decir que los hombres no envejecen más rápido que las mujeres, simplemente son más débiles cada año que cumplen. Desde una perspectiva evolutiva, una alta tasa de muerte accidental en hombres jóvenes es compatible con un envejecimiento rápido. En lo general, con todo y su controversia, algunos elementos de la ciencia aceptan que las mujeres envejecen más lentamente, pero al llegar a la menopausia, el factor protector se elimina. Por el contrario. Una pubertad a edades tempranas (menores a 8 años) se asocian a menopausias tardías, y en contraparte, una menarca tardía (14 años) se asocia con menopausia temprana. El programa hormonal temprano provoca una sobreactivación del sistema reproductivo femenino, que es muy vulnerable a la sobre activación.

Las diferencias entre hombres y mujeres en morbilidad no se caracterizan de manera tan sucinta. Los hombres tienen una mayor prevalencia de enfermedades letales, esto está relacionado con su menor esperanza de vida. Las mujeres tienen más condiciones no letales como depresión y artritis; lo que también puede estar relacionado en parte con una supervivencia más larga. Los hombres tienen un mejor funcionamiento físico y menos discapacidad, lo que se explica en parte por las diferencias de género en las enfermedades y también por su mayor fuerza, tamaño y resistencia. Las diferencias de género en los factores de riesgo de enfermedad han cambiado con el tiempo con la prevalencia y los tratamientos anticonceptivos hormonales. El declive mayor y más rápido de los varones indica que ellos envejecen más rápido que las mujeres; sin embargo, incluso estas medidas biológicas básicas son el resultado de una combinación de factores biológicos, conductuales y sociales.

La recuperación de una enfermedad a corto plazo difiere entre niños, adultos y mujeres. Los niños tienen una vida media del lactato más corta y una recuperación cardíaca y respiratoria más rápida en comparación con los adultos. Los niños requieren períodos de recuperación más cortos, a partir de los cambios hormonales de la adolescencia esto cambia, ser adulto reduce tiempo de recuperación, más aún, ser varón tiene un pronóstico de recuperación lenta. Las mujeres muestran una lenta recuperación de enfermedades cardíaca y respiratorias en comparación con los hombres.

LECCIÓN 95

¿Quién cuida al cuidador?

La gran responsabilidad de quien cuida

La persona que cuida a un paciente terminal o con enfermedad mental, tiende a deprimirse a lo largo del proceso del cuidado, la depresión es más fuerte cuando se trata de un familiar. Más del 50% de los familiares que cuida a un paciente con enfermedad neurológica, desarrollará depresión en menos de 2 años. 76% tendrá sobrecarga laboral y de actividades, 24% sentirá estrés y desorganización de su vida personal y profesional.

Sin ser deterministas, la mayoría de las personas que viven con una enfermedad terminal y se acercan a la muerte necesitarán inicialmente de apoyo, comprensión, acompañamiento de una activa asistencia de un cuidador no profesional, como un familiar o un amigo, a veces de un vecino, para brindarles apoyo físico, emocional y práctico. La gran mayoría de estos cuidadores no profesionales pueden sentirse abrumados, estresados, aislados, apenados o enojados y experimentar dificultades psicológicas y financieras. Sumemos a este escenario que los cuidadores pueden tener necesidades de información insatisfechas y las penurias de información pueden cambiar a lo largo del período de atención, comúnmente tendiente al caos. Las necesidades de los cuidadores de apoyo práctico y psicológico con una mejor educación y estrategias para mejorar la comunicación vienen después.

El cuidado es dispar al inicio, no está suficientemente detallado y es específico de la enfermedad, gradualmente esto se va aprendiendo y se complica, porque conocer no siempre asocia un mejor cuidado e inicia a desesperar al cuidador y al enfermo. El cuidador necesita apoyo: se hace imprescindible tener servicios a primera mano, saber el manejo de síntomas, tener relaciones de apoyo y sostén, preparación de información para la muerte, prepararse para el manejo de la carga emocional y psicológica y apoyo durante el duelo, tarde o temprano este último es el que hace sentir culpa y sensación de haber podido hacer algo mejor.

Los cuidados paliativos son los que más se deberían tener, no solo para el enfermo, en mayor proporción para el cuidador. 75% de los cuidadores se preocupan a veces más por su ser querido que por sus propias vidas, ellos pasan a un segundo plano y su salud física y mental se ve afectada negativamente, estos descuidos suelen cobrar la factura mucho tiempo después. Algunos pueden estar preparados para afrontar la situación y suelen ser cálidos, decididos, confiados y optimistas, pero la gran mayoría no están capacitados y aprenden de facto a ser médicos, enfermeros, psicólogos, camilleros, mesero y cuidador. Si la familia del enfermo es organizada y flexible ayuda en todas las direcciones, pero si es cerrada, egoísta y castigadora, siempre harán del cuidado un castigo o la alternativa de quien cuida solo el que puede porque los demás tienen cosas más importantes que hacer. Los menos preparados se relacionan con baja autoestima, sus tácticas psicológicas de resistencia son, paradójicamente, ser evasivo y de difícil comunicación.

Los cuidadores pueden experimentar duelo, tristeza extrema, culpa, ansiedad, manejo inadecuado de las emociones (ira, llanto o desesperanza) durante la evolución temporal del cuidado y esto empeora con la muerte del paciente.

Un mejor cuidador es aquel que tiene una carga equilibrada de tiempo, recursos y atenciones, hay que disminuir la carga del cuidador, ayuda a reducir los síntomas deprimentes, vehementes, de apocamiento y encierro. Nos conviene cuidar al cuidador, en todos los sentidos. Es necesario comprenderlo, no agredirlo o culparlo. Ayudarlo y, sobre todo, agradecerle.

LECCIÓN 96

Del enamoramiento al amor

El amor es una experiencia neuronal delicada que profundiza en los fundamentos de la memoria, aprendizaje, emociones, proyecciones; muchas fuentes de la experiencia emocional del amor permanecen inconscientes, sin estar presentes en lo cotidiano. La naturaleza del enamoramiento es doble y contradictoria, regresiva, progresiva, constructiva, destructiva, que conecta y separa, dirigida hacia el objeto, aunque lo niega por momentos. Esto gradualmente se pierde cuando el enamoramiento cambia a amor maduro, el que acepta y entiende a la persona como es en realidad. El enamoramiento es una proyección de lo idealizado con filtros de dopamina del cual solo se obtiene la experiencia hedonista.

La capacidad de idealizar es una condición previa para enamorarse, sin admiración no hay enamoramiento, sin admirar a la persona, no se puede construir un amor real. Las decepciones amorosas abruptas pueden ser traumatizantes, pero las graduales, las que se explican y entienden poco a poco, la que incluye el trabajo del duelo y pueden conducir a una relación más auténtica que esté menos oscurecida por las necesidades narcisistas, son relativamente mejor entendidas y brindan una mayor experiencia. Lo que duele moralmente en una separación es el dolor al ego, pero es posible trabajarlo y sobre todo entenderlo.

El enamorado busca la identificación proyectiva únicamente con la persona a la que le atribuye ser única, y al mismo tiempo, su mente la posee en el período y el espacio subjetivo de sus pensamientos; esto indica una forma primitiva de relación psicológica inmediata y pasional. La estrecha interacción entre lo que quiero y lo que creo que la otra persona me puede dar. El enamoramiento marca límites no claros en el inicio, toda gira en la necesidad de que la otra persona sienta lo que uno concibe asociado con un fuerte deseo de continuar la relación, buscando la siguiente consumación, repitiendo actos de placer aprendidos en diferentes actos-tiempo-espacio.

Existe una transformación de conocimientos y experiencias a largo plazo en el enamoramiento, en transferencia y expresiones más desarrolladas de lo que será el amor. Madurar, aprender, respetar y conocer, reducen el narcisismo, este es el cambio clave entre enamoramiento y amor, es la marca categórica del amor real y maduro.

Uno de los requisitos previos para el amor real es la madurez, contribuye a ello la disminución de la dopamina, endorfina, cortisol, noradrenalina con mayor conectividad prefrontal, asociada con aprendizajes y mejores conexiones neuronales en diferentes partes del cerebro, cambiando las 29 áreas cerebrales activas por 12, haciendo más eficiente al cerebro en la construcción de la relación afectiva. Otra diferencia significativa, aunque no excluyente es que al transitar del enamoramiento al amor ya no se requiere de sufrimiento fácil basado en interpretaciones, ya no existe el dolor moral de buscar reforzadores inmediatos y utilizar la culpa como requisito previo para satisfacer infantilmente necesidades psicológicas, en el caso de tenerlas, no buscar o castigar, sino entender, tolerar y hablar.

Una clara diferenciación es desaparecer las ideas iló-gicas y repetitivas que generan tensión e incomodidad, es el dato de que el amor existe y ya no es una proyección. El amor maduro tiene la capacidad de tolerar la ambivalencia, sostener la capacidad de integrar tanto las experiencias de amor como las de enojo, molestia y desaprobación, en un marco de tiempo, espacio del otro y aprendizaje de ambos. Se puede ver el amor que ayuda a integrar y dar un marco de seguridad. Una de las mejores experiencias de este proce-so es aceptar una falla, ofrecer una disculpa, lo que conlleva a trascender en el amor maduro, lo cual el cerebro aprecia con los años.

LECCIÓN 97

Infidelidad

¿Te gusta? Neuronas del área tegmental ventral izquierda se activan al ver atractivo facial. ¿Te apasiona? Neuronas del núcleo caudado antero medial derecho se correlacionan con la intensidad de la pasión romántica.

Infieles por el mundo...¿la misma pareja… en otra persona?

Lo que vas a leer a continuación puede ser demasiado fuerte para los recuerdos de tus exparejas, pero es real. 80% de los humanos de este planeta buscan características semejantes en distintas parejas a lo largo de la vida. Es difícil imaginar relaciones románticas, maravillosas, de apego y comprometidas sin transgresiones de algún tipo, toda relación enseña, por más difícil que sea. A pesar de las mejores intenciones de no causar daño o decepción para la pareja, romper reglas y promesas es en gran medida inevitable en las relaciones a largo plazo o de gran apego. Si algunas transgresiones pueden ser triviales y fácilmente perdonadas u olvidadas, aquellas que involucran traición pueden tener efectos significativos en la relación, las personas que han sufrido una infidelidad como víctimas, paradójicamente, liberan más oxitocina y dopamina en su cerebro enfrascándose en una lucha amor-odio enojo y perdón. La infidelidad es la razón más común de una ruptura, las más dolorosa y la que mayor contenido de aprendizaje deja. La infidelidad puede no solo tener un efecto destructivo en lo moral y económico, puede afectar negativamente el bienestar emocional general de ambos personajes involucrados, por más inverosímil que pueda ser, el infiel sí sufre, obviamente la víctima sufre más; es posible un incremento de la probabilidad de depresión en la víctima y generación de baja autoestima.

La infidelidad ocurre cuando una persona siente que su pareja ha quebrantado la norma de la relación monógama al interactuar con alguien que no es parte de su relación, a través de un acto sexual o emocional realizado por una persona dentro de una relación comprometida. Constituye un abuso de confianza, y la ruptura de normas acordadas con relaciones románticas, emocionales o sexuales de exclusividad se han quebrantado de manera irreversible.

Generalmente, la infidelidad se define como cualquier tipo de secreto emocional, sexual o romántico. Un comportamiento que vulnera la exclusividad que tiene por definición la relación romántica. Hay diversas definiciones de infidelidad, divididas en subtipos: sexual, emocional, combinada (sexual y emocional) y la que se puede llevar por internet.

La infidelidad implica el secreto y ocultamiento de conductas con un individuo fuera de la relación comprometida. 97% de la población evalúa este comportamiento como no tolerable. El comportamiento se puede describir como relaciones interpersonales, coqueteo, secretos, desde besos, caricias, sexo e intercambio de planes en secreto.

La infidelidad emocional es definida como la ocurrencia de implicación emocional con un tercero que viola las reglas básicas establecidas por la pareja (confiar en otro, compartir los pensamientos más profundos con otra persona, enamorarse de otra persona, ser vulnerable con otro, estar más comprometido con otro, gastar dinero en otro).

A los hombres les obsesiona y reprochan más la infidelidad sexual, mientras que las mujeres reprenden más la infidelidad emocional. La infidelidad emocional es la más angustiante, obsesiva y destructiva. Las mujeres son más vulnerables cuando perciben la infidelidad emocional, es más perturbadora. La gran mayoría de las mujeres en Latinoamérica creen que los hombres no son capaces de mantener la fidelidad sexual en sus relaciones, pero confían que pueden luchar por ser emocionalmente leales. La lealtad emocional tiene un valor muy especial para las mujeres.

Los hombres heterosexuales reprochan y les conflictúa más la infidelidad sexual que la emocional; en contraste, las mujeres heterosexuales, las mujeres lesbianas y los hombres homosexuales tienden a reportar niveles igualmente altos de angustia, temor y rencor por la infidelidad emocional. El compromiso se correlaciona con la angustia y la ira frente a la infidelidad emocional, pero no tanto para la de tipo sexual.

El vínculo emocional disminuye la sensación de seguridad de la pareja traicionada; la angustia y la ansiedad marcan la conducta en las siguientes semanas. El rompimiento de una relación amorosa es más doloroso cuando él o ella definen su autoafirmación y autoestima a través de su pareja. La infidelidad es más dolorosa cuando todo —al parecer— estaba bien y de manera intempestiva, como una ola de mar con gran fuerza golpea sin avisar previamente. Tener antecedentes, sospechar o percibirlo, ayuda a preparar el terreno de la separación. Pero lo que sucede de manera abrupta, llena de odio, rencor y sufrimiento una separación.

LECCIÓN 98

El suicidio

¿Qué tienen en común Robin Williams, Ernest Hemingway, Kurt Cobain, Virginia Woolf, Alexander McQueen, Chris Cornell y Avicii? No fue su vida, sino la forma de morir: todos ellos se suicidaron.

El suicidio es el acto por el que una persona deliberadamente se quita la vida.

En México, de acuerdo con las cifras del INEGI, las muertes por suicidio aumentaron en 5 años 25%, en 2022 se reportaron 8 123, esto equivale a 22 suicidios al día. La depresión es la entidad psiquiátrica más frecuente. De las personas que no cuentan con redes de apoyo, 25.8 % se sintió con depresión más de la mitad de la semana anterior al evento, a diferencia de quienes contaron con apoyo, el porcentaje disminuyó a 12.6 %. La Organización Mundial de la Salud reportó que a nivel mundial se sucitan 102 suicidios por hora, 1.7 por minuto. En México, el rango de edad más freuente de quien comete el suidicio es entre los 20 a 39 años, en el mundo es de 15 a 44 años.

La conducta suicida tiene antecedentes genéticos y psiquiátricos, así como factores sociales, familiares, culturales, económicos, incluso fisiológicos. Cada persona tiene aspectos muy particulares que los motivó a cometer el acto.

La depresión, el alcoholismo y la esquizofrenia son los trastornos psiquiátricos más relacionados que llevan a una persona a cometer el acto suicida.

Individuos con cambios afectivos suelen tener depresión persistente. y la probabilidad de cometer suicidio es 20% más que aquellos que no tienen estos trastornos. En promedio, 90% de los fallecidos por suicidio tenían depresión.

El abuso de alcohol está muy relacionado con la conducta suicida. La comorbilidad de alcoholismo, soledad, problemas con la pareja, pérdida del trabajo, aumentan significativamente la potencia, envían por separado hechos como detonantes para la idea suicida.

Cuando concurren dos enfermedades psiquiátricas el riesgo suicida se cuadriplica respecto a la presencia de una sola patología.

Siete de cada 10 personas que se suicidaron pasaron por experiencias traumáticas en el transcurso de su vida, como puede ser abuso sexual, negligencia emocional, violencia, maltrato.

También enfermedades terminales o degenerativas se asocian al acto suicida, por ejemplo personas que reciben el diagnóstico de ser VIH positivos; tener un tumor puede ser una enfermedad degenerativa y puede ser motivo para un acto suicida.

Para las mujeres, a mayor número de hijos, disminuye la probabilidad de suicidio; en los varones no hay datos al respecto. Es muy difícil predecir un suicidio.

En el cerebro de un individuo suicida su común denominador es el desánimo, la tristeza y la melancolía; algunos días previos a cometer el acto se pueden comportar de manera agresiva. Es importante indicar que los niveles de oxitocina, dopamina y serotonina están disminuidos, también la noradrenalina y el estado de ánimo se ve vulnerado.

¿Cómo saber que se está en riesgo de una conducta suicida?, a las personas les resulta difícil llegar a acuerdos y les cuesta trabajo tener el control de las cosas.

El estado de ánimo cambia de manera brusca.

Las personas preguntan la opinión de otros sobre el suicidio.

Anuncian de manera directa o indirecta el suicidio.

El pensamiento progresivamente se hace monótono, las palabras de desánimo son muy comunes en su lenguaje.

Se presenta aislamiento social.

Se alejan de eventos sociales.

Por las cifras del Inegi en México y de la Organización Mundial de la Salud se ha identificado que la esquizofrenia el alcoholismo y la depresión inciden en el suicidio; en la psicosis se encuentran como factores que suelen producir el suicidio. Sin embargo, algo muy importante de estos estudios epidemiológicos indica que si la persona cuenta con una red social que los apoye, que los escuche, disminuye la probabilidad de una conducta suicida.

LECCIÓN 99

Cuando las cosas no van bien

Las expectativas de la vida pueden ser mejores si son razonables.

Al cerebro que exige perfección, cuando no la encuentra, le cuesta mucho trabajo aceptar lo cotidiano, se reduce a la emoción del enojo, el berrinche lo comprime a un espacio en el tiempo —que lo puede atrapar y dejarlo ahí en el olvido social— y lo aleja del perdón.

Deberíamos reír más de lo que somos y reflexionar en lo que nos equivocamos, más que fustigarnos en donde no fuimos, en donde no somos, o en donde nos hubiera gustado ser. El autocastigo de lo que pudimos ser a lo que nos toca ser y estar duele, pero enseña mejor.

Ser perfecto es algo fuera de la estructura humana, el cerebro se equivoca, aprende, se organiza y lo intenta nuevamente. Exigir perfección nos aleja de todos, intimida; efectivamente, el mejor profesor es el error, de él se aprende a no fallar otra vez; la eficiencia de la plasticidad sináptica que poseemos por habernos equivocado y ahora ser mejores nos hace excelentes, no perfectos. Cuando se busca la perfección, el cerebro omite detalles y es más fácil que se equivoque otra vez. Paradójicamente buscar perfección nos aleja de ella. Las expectativas de los demás comúnmente nos alejan de la felicidad.

Hablarnos con amabilidad, aceptarnos como somos, ser congruentes y en la misma magnitud apreciar la ayuda de los demás, reduce los efectos negativos cotidianos, ayuda a eliminar la atmósfera negativa fútil; agrega más corteza prefrontal e hipocampo a la vida. Es donar dopamina con sonrisas, unirme con la oxitocina y ser parte de la endorfina de muchas personas.

Ante un error, hay que identificar los límites, las expectativas deben ser razonables, no desesperar, el tiempo otorga las conexiones y estrategias neuronales para triunfar, solo es cuestión de reorganizar, aprender y ser creativo.

Somos únicos, somos maravillosamente perfectibles:

si me conozco, me entiendo,
si me entiendo, me ayudo,
si me ayudo, me acepto,
si me acepto me cuido,
si me cuido, aprendo,
si aprendo, me respeto,
si me respeto, soy responsable de mí,
si soy responsable de mí, puedes confiar en mí.

LECCIÓN 100

Puedes tener 1 o 10 razones para no ser feliz.
Puedes tener más de 100 problemas.

Tu cerebro tiene más de 1 millón de razones para no rendirse y sonreír.
Tienes más de 86 000 millones de razones para ser feliz.

Tener salud mental es la mejor riqueza que podemos tener.

No debemos tratar de resolver el problema con el mismo pensamiento y emoción con que se crearon. Sin errores no se intenta lo nuevo.

La familia que creas es más importante para tu cerebro que la familia de la que vienes.

Llénate de recuerdos y aprendizajes, nunca de sueños sin cumplir, esos déjalos ir.

Las personas que no te conocen, no tienen idea de la magnitud de tu potencial.
Quien te conoce y te ama, siempre estará orgulloso de ti.

Tu cerebro es más grandioso que cualquiera de tus problemas.

Esta obra se terminó de imprimir
en el mes de julio de 2024,
en los talleres de Grafimex Impresores S.A. de C.V.,
Ciudad de México.